U0616214

足迹 2016

一路上有你

人民监督杂志策划编辑

中国检察出版社

在人民监督下谱写检察事业新篇章

人民立场是马克思主义政党的根本政治立场，人民拥护不拥护、赞成不赞成是衡量检察工作的根本标准。2016年，我们怀着对人民的赤子之心，紧紧依靠人大代表、政协委员的关心支持，倾听人民呼声，接受人民监督，不断加强和改进检察工作。《足迹2016——一路上有你》生动记录了过去一年代表委员与人民检察事业风雨同舟、携手前行的足迹，生动记录了代表委员关心、支持检察工作的身影，生动记录了代表委员为检察事业积极呼吁、建言献策的声音。在中国特色社会主义法治建设道路上，有你们的一路同行，人民检察事业迈上一个又一个新的台阶。2017年1月10日，中央政治局常委会听取最高人民检察院党组工作汇报，对2016年的检察工作给予充分肯定。

2016年，全国人大代表、全国政协委员对检察工作更加关心、更加支持。代表委员的肯定让我们深感振奋、备受鼓舞。我们按照代表委员要求，描绘了未来五年检察事业发展的蓝图，向着在新的起点上推动人民检察事业创新发展的奋斗目标稳步迈进。我们落实代表委员的意见建议，紧紧围绕统筹推进"五位一体"总体布局和协调推进"四个全面"战略布局履职尽责，制定实施了依法保障和促进非公有制经济发展"18条意见"、保障和促进科技创新"15条意见"、服务健康中国建设"20条意见"、加强产权司法保护"22条意见"。我们积极回应人民群众对幸福生活的期盼，重拳惩治电信网络诈骗犯罪，严肃查办群众身边"微腐败"，集中整治和加强预防扶贫领域职务犯罪，加大对生态环境和食品药品安全的司法保护力度，强化未成年人检察工作，用敢于担当的实际行动，彰显检察机关司法为民的诚意和温情。

2016年，全国人大代表、全国政协委员与检察机关的互动交流更加密切。各级检察机关通过座谈会、检察开放日等方式加强与代表委员的交流。我们以"加强军地协作，维护军人权益""走进最高司法机关""维护医务人员权益，服务健康中国建设""强化法律监督职能，服务保障科技创新""推进以审判为中心的刑事诉讼制度改革"为主题，举办5次检察开放日活动，分别邀请各地代表团和解放军团 61 名代表委员走进最高人民检察院，亲身感受检察工作、直言不讳评议检察工作。我们还组织全国人大 30 余个代表团的 325 位全国人大代表，分赴 21 个省、自治区、直辖市，进行 24 次互动交流。通过与代表委员面对面的深入交流座谈，我们深切感受到代表委员意见建议蕴含着无穷智慧和力量，代表委员的真知灼见为检察工作创新发展提供了强大的智力支撑。

2016 年，全国人大代表、全国政协委员视察检察工作更加深入。我们把代表委员视察工作与督促检查、调查研究等工作有机结合起来，积极在拓宽代表委员视察的广度和深度上下功夫。代表委员在视察中既关注中国检察制度发展的历史和现状，也关心当前检察改革的前景和未来；既充分肯定检察机关强化法律监督、强化自身监督、强化队伍建设取得的成绩和进步，也客观指出新形势新任务新要求下检察工作存在的问题和不足；既站位全国为基层出主意，又立足一线向高层鼓与呼。从一份份沉甸甸的视察情况报告里，从一次次高质量的交流座谈中，我们深刻感受到代表委员的爱检之心、护检之情，深刻感受到代表委员依法监督、推动检察工作发展的真情厚意。

难忘一年收获，铭记一路支持。值此新春佳节之际，借《足迹 2016——一路上有你》出版之机，我谨代表最高人民检察院和全国检察干警，向各位代表委员致以崇高敬意和衷心感谢！

万象皆随新运转，百花争向好春开。2017 年，我们将更加注重听取代表委员意见建议，在人民的监督下忠诚履职、依法履职，努力在新的征程上谱写中国特色社会主义检察事业新篇章，以优异成绩迎接党的十九大胜利召开！

曹建明

2017 年 1 月

01

代表委员足迹

117

检察工作足迹

195
首席大检察官足迹

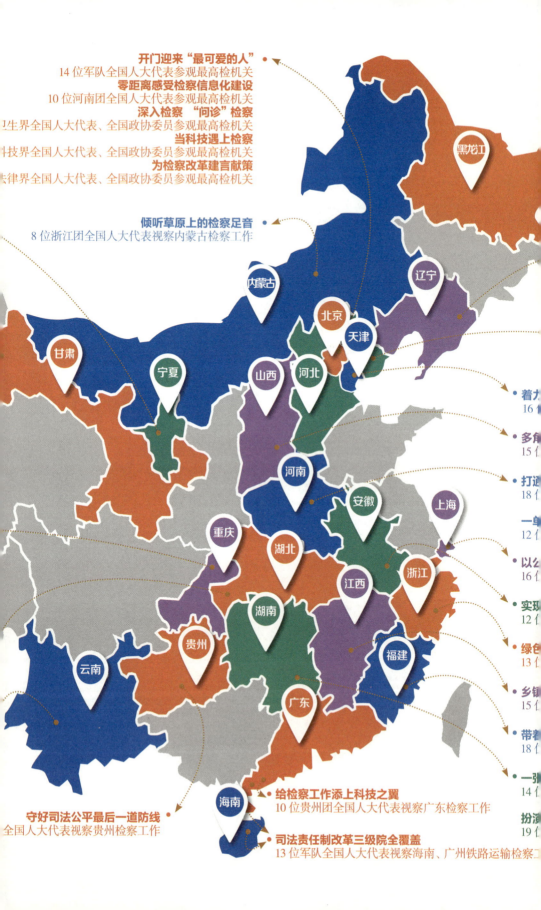

开门迎来"最可爱的人"
14 位军队全国人大代表参观最高检机关
零距离感受检察信息化建设
10 位河南团全国人大代表参观最高检机关
深入检察 "问诊"检察
卫生界全国人大代表、全国政协委员参观最高检机关
当科技遇上检察
科技界全国人大代表、全国政协委员参观最高检机关
为检察改革建言献策
法律界全国人大代表、全国政协委员参观最高检机关

倾听草原上的检察足音
8 位浙江团全国人大代表视察内蒙古检察工作

黑龙江

内蒙古
辽宁
北京
天津
甘肃
宁夏
山西
河北
河南
安徽
上海
重庆
湖北
浙江
江西
湖南
贵州
福建
云南
广东
海南

• 着力
16 f

• 多角
15 f

• 打通
18 f

• 一单
12 f

• 以公
16 f

• 实现
12 f

• 绿色
13 f

• 乡镇
15 f

• 带着
18 f

• 一张
14 f

• 扮演
19 f

守好司法公平最后一道防线
全国人大代表视察贵州检察工作

给检察工作添上科技之翼
10 位贵州团全国人大代表视察广东检察工作

司法责任制改革三级院全覆盖
13 位军队全国人大代表视察海南、广州铁路运输检察工

代表委员足迹

14 位医药工

12 位和

11 位河

三个"窗口"不一般
18 位广东、上海团全国人大代表视察宁夏检察工作

"检徽高悬法擎天，规矩准绳有方圆"
14 位河北团全国人大代表视察甘肃检察工作

"我是含着眼泪看完'莎姐'专题片的"
13 位吉林团全国人大代表视察重庆检察工作

"检察机关真是把法律服务做到家了"
9 位山西团全国人大代表视察湖北检察工作

走基层　看变化　谋发展
13 位安徽团全国人大代表视察云南检察工作

检察为民有担当　边疆百姓"样样好"
14 位全国人大代表视察云南检察工作

14 位山东、贵州团

代表委员足迹

24 次出发 风雨兼程

2016 年，应最高人民检察院之邀，来自全国人大三十余个代表团的 325 位全国人大代表，分赴全国 21 个省、直辖市、自治区，就当地检察工作进行了 24 次视察（视察详情请扫描二维码）

"代表视察福之州，检察上下为民忧。铁腕反腐讲党性，绿色修复济刚柔。""检察多走信息路，群众就少走马路。"……整个 2016 年，视察福建检察机关的全国人大代表团堪称最富诗意的视察团，代表们忙着视察工作之余，还在微信群里搞起了赛诗会，为检察工作的亮点点赞。

据统计，2016 年，应最高人民检察院之邀，来自全国人大三十余个代表团的 325 位全国人大代表，分赴全国 21 个省、直辖市、自治区，就当地检察工作进行了 24 次视察。

24 次出发、数万公里行程，不少全国人大代表都是第一次与检察工作如此"面对面""心贴心"。在视察活动中，全国人大代表充分了解到检察机关在做什么，明晰了检察机关的职能，感受了法治脉动的力量。

检察工作很接地气儿

"检察工作很接地气儿。"这是全国人大代表张晓庆在江西视察之后的感受。这样的感受，许多代表都有，这也正是最高人民检察院邀请代表们视察检察工作的初衷。

在江西，代表们在渔舟唱晚、秀美如画的风景中，走进金屯林生态检察室、锦江农生态检察室，了解了专业化法律监督、恢复性司法、社会化综合治理、警示性预防教育结合的生态检察模式，这是检察与自然的和谐。

在甘肃，代表走在街头巷尾，仔细查看扶贫村公示墙上贴着的惠农政策的详细解读，全国人大代表靳灵展仔细询问了低保资金的发放情况，查看了职务犯罪预防测试题和相关共组人员的答卷，"他们的分数都很高，可以看到检察院的普法工作不仅有效地提高了村干部法律水平，也提升了老百姓法律意识"。

在辽宁，代表们亲身体验检察机关对外服务窗口，"外部或内部人员能不能对电子卷宗进行修改""上午来访的多还是下午多""情绪疏导室的功能是什么""触摸屏的案件

全国人大代表在福建省南靖县实地查看"补植复绿"情况。

查询系统怎么用""行贿档案查询收不收钱""这样完善的配置只有你们有吗",问题之细微令人感叹。

2016年,全国人大代表视察检察工作采用异地交叉视察的方法,例如山西团到安徽视察、澳门团到吉林视察等,通常并不安排大型会议,而是多采用小型座谈会、实地走访方式。通过这种接地气式的视察,避免视察落入"走走过场、唱唱赞歌"的窠臼,代表们能够带着问题走访,带回经验分享。

宏大法治下的检察细节

著名法学家萨维尼曾说:"法律并无什么可得自我圆融自洽的存在,相反,其本质乃为人类生活本身。"

代表们来自不同的行业,生活经历不同,关注的问题也各不相同。在视察工作中,一些关键词被反复提及:保障民生、未成年人检察、服务和保障非公经济、司法改革、反腐倡廉、生态检察、职务犯罪预防、科技强检等。这些词汇,既汇集了当下检察工作的主要方向和内容,也证明了"公民社会"的到来,即人民群众不再局限于温饱小康的底层需求,而是被唤醒了权利意识,对公平正义、自由民主的需求日益迫切。

10月23日至28日，应最高人民检察院邀请，11位山东团全国人大代表和3位贵州团全国人大代表对贵州检察工作进行视察。

　　再宏大的法治主题也终究要回归万千细节。每一次人大代表对法治的叩问，检察人都予以积极而有力的回应。

　　代表们关注民生，检察人就用"数据说话"。每一处接受视察的检察院，近几年查办了多少案件、有哪些典型案例、进行了多少次普法宣传……所有的资料都摆在代表们眼前，任君评说。

　　代表们关注社会热点，检察人就开诚布公。在视察黑龙江铁路运输检察工作时，不少代表对2015年5月发生的庆安火车站枪击事件表示关注。当地检察机关介绍了怎样第一时间赶到现场、掌握证据，适时通过中央主流媒体发声的做法。全国人大代表姜援朝听了之后指出：社会关注的焦点案件，要求检察机关办理案件既要快，又要好。群众对这些案件的定罪量刑结果比较关注，对办案过程不了解，特别容易产生不理解。如何处置好舆情，值得很好地研究。

　　代表们关注非公经济保护，检察人带着代表们走入华为、腾讯这样的民营企业，调研检察机关保障和促进非公经济所采取的措施、办法。全国人大代表鲍家科参观后由衷地感慨：“我和企业员工交流时发现，检察机关在服务保障非公企业发展和保护知识产权、促进科技创新方面想了很多办法，有很多亮点，取得了许多看得见的成绩。”

代表们关注规范司法问题，检察人就从"高度、热度、密度、广度、深度、经度、纬度"等八个方面介绍了对自身的要求，从办案流程、办案标准、办案技术，特别是司法人员行为等方面入手，为整个检察工作的提质、提效打下基础。

代表们关注反腐，检察人便将查办、公诉贪污腐败案件的成果展示出来。有的代表在视察一些基层检察院的办案环境时，还尝试坐一坐被审讯人员的椅子，看看是什么感觉，随行人员提出"您也不忌讳一下"，代表笑答"心底无私天地宽"。

不忘初心，捍卫公平正义

24 次出发，有风雨兼程，也有泪水和欢笑。在视察贵州刑事执行检察工作时，部分女性全国人大代表与女服刑人员进行了面对面的交流，有的服刑人员流下了感动的泪水；在观看重庆的"莎姐"青少年维权岗宣传片时，全国人大代表金华也是"含着泪看完"。

24 次出发，迎接代表团的不是鲜花掌声，而是踏实、积极、勇于接受代表监督的检察风貌。全国人大代表王运才一语中地指出，这体现了检察机关"不忘初心，捍卫公平正义"的精神。

时代的前行者终究会在时间里留下自己的足迹，人民检察在八十多年的发展历程中，有过艰难曲折的探索，有过波澜壮阔的发展，有过百折不挠的尝试，一代又一代人的接续努力，推动中国特色社会主义的检察制度不断成熟定型。

打通服务企业的最后一公里
18位全国人大代表视察河南检察工作

河南省郑州市检察院在全省率先使用"人民检察院案件信息公开系统"。代表们通过该系统，体验了作为案件当事人、辩护人、诉讼代理人，查询案件方便快捷的全过程

全国人大代表在河南检察机关办案工作区视察。

2016年4月26日至28日，应最高人民检察院邀请，来自全国8个代表团、8个民族的18位全国人大代表来到河南，以"围绕大局服务经济发展"为主题进行视察。视察过程中，代表们走基层、进企业、听民意、访真情，务实高效的工作作风给河南检察人员留下了深刻的印象。

参加本次活动的全国人大代表有：民进湖北省委员会秘书长**周建元**代表，福建嘉达纺

织股份有限公司细沙挡车操作教练、福州市总工会副主席**林欣欣**代表，湖南省慈利县龙潭河镇党工书记**向平华**代表，福建省福清市阳下街道溪头村党支部书记**林和星**代表，山西省工商联副主席、山西潞宝集团董事长**韩长安**代表，新疆维吾尔自治区伊犁州察布查尔锡伯自治县察布查尔镇镇长**富春丽**代表，云南省文山壮族苗族自治州富宁县人大常委会副主任**杨琼**代表，中国人民解放军 66070 部队副主任**王军**代表，新疆维吾尔自治区塔城市第二幼儿园教师**丽娜**代表，湖南省石门县住房和城乡建设局副局长**戴海蓉**代表，山西新华输送带有限责任公司党务部部长**沈建军**代表，中国工商银行股份有限公司乌鲁木齐明德路支行大堂经理**穆合塔拜·沙迪克**代表，四川宜宾丽博生物科技有限公司总经理**易家祥**代表，四川茂县东兴乡新纪元电冶有限公司员工**王安兰**代表，陕西省军区指挥自动化工作站站长**孟莉**代表，中国人民解放军 95865 部队 91 分队班长**杜洪强**代表，湖北省广水市郝店镇养殖专业户**黄俊**代表，云南省普洱市景东彝族自治县交通运输局副局长**罗金玲**代表。

接地气的检务公开

此次视察，是许多代表第一次近距离接触检察工作，他们对检察机关"接地气"的群众工作印象非常深刻。林和星代表说，检察院在不少群众眼里还比较神秘，河南检察机关通过检务公开营造透明的司法环境，这种做法很好。接下来，应该进一步拓宽思路努力创新，利用微博微信等新媒体方式，让检务公开工作更科学、更有效地接受群众监督。

在有全国"文明接待室"之称的郑州市检察院的检察长接待室，代表们停留良久。周建元代表询问："检察长什么时候会来这里？能接待多少群众？"检察人员告知，每月第一、三周的周三确定为检察长接待日，"一把手"亲自参加接待。三年来，全市两级院的检察长共接待来访 3319 次，批办件 423 件，件件有结果，事事有回音。

此外，郑州市院在全省率先使用"人民检察院案件信息公开系统"，代表们还通过该系统，体验了作为案件当事人、辩护人、诉讼代理人，查询案件方便快捷的全过程。"这里的检务公开方式既现代，又接地气"，林欣欣代表说。富春丽代表同样为此点赞，并表示这既方便了当事人、律师和社会公众的查询，也有利于原始资料保存，要大力推广。

服务企业，为河南经济保驾护航

在宜阳县检察院驻产业集聚区检察室，代表们在门口的公告栏驻足良久。公告栏一个新颖的名词——首席服务官，引起了代表们的注意。据介绍，首席服务官制度是指经由检察院选派专业检察官，为企业法律服务。孟莉代表说，首席服务官机制很独特，是"接地气"的普法形式。

韩长安代表十分肯定这种做法："这是为企业排忧解难的好方式，同时也能对犯罪现

此次视察是许多代表第一次近距离接触检察工作,他们对检察机关"接地气"的群众工作印象非常深刻。

象加以打击,这种方式应积极推广宣传。"戴海蓉代表也很赞同:"这样可以解决内地招商引资时比较担心的法律问题,检察室入驻企业不仅能够营造良好法治环境,保护企业合法权益,对资源优化也有好处。"

在郑州航空经济实验区,代表们来到 T2 航站楼、河南电子口岸服务中心、富士康机械臂智能生产线等地,实地了解航空港区的发展建设状况,现场调查了航空港区检察院驻富士康检察联络站的工作,并在航空港区检察院进行了座谈。

孟莉代表对富士康检察联络站印象深刻。"联络站以展板介绍案例、设立检察官服务等方法服务经济发展,这种做法是有代表性的,能够真正将检察服务做实落地,应在全国范围内推广。"王安兰代表说,联络站的设立能够促进对企业的监督,让企业获益良多。

沈建军代表则比较关心联络站人员生活工作,比如人员流动性、住宿吃饭条件,还仔细询问了这里工作人员的心理疏导情况,同时也肯定检察机关做法细致入微,不仅服务企业,也为河南经济保驾护航,"可以说走好了竞争的最后一公里,也打通了服务企业的最后一公里"。

规范执法也是人性化的体现

宜阳县检察院和郑州市检察院的办案工作区是代表们重点视察的地方。在这里，讯问犯罪嫌疑人可以实现全程同步录音录像，利用监控系统全程监控每个讯问室的讯问过程，侦查部还可以远程遥控指挥，调查取证，指导办案。

罗金玲代表说："形成视听资料，真实重现整个讯问过程，这样不仅保护了嫌疑人的权利，也保护了侦查人员不受刑讯逼供的诬告。"

杜洪强代表发现，有一间讯问室墙壁上设置了一面特殊的镜子，便询问其用途。检察人员回答，这是一面透视镜，隔壁房间的人可以通过镜子看到讯问室情况，里面的人是看不到隔壁的，一般用于证人指认犯罪嫌疑人。杜洪强代表绕到隔壁进行确认，发现果然如此，遂赞叹"这种方式很好，可以保证证人的安全"。

杜洪强代表说，参观讯问室能给人带来不小的警醒和触动，建议不妨像国防教育基地一样，在不泄密的情况下适当让社会公众来参观。

代表们重点视察的还有郑州市预防职务犯罪警示教育基地。黄俊代表和向平华代表都用"真正做到位了"评价该院廉政教育工作。王军代表说，最大的感触就是形式先进，信息化形象生动，震慑力强，内心冲击较大，能起到警示作用。

在这3天行程里，代表们一路视察，一路交流。对检察工作取得的成绩，代表们赞许有加。

以公开倒逼司法规范

16 位全国人大代表视察上海检察工作

在代表看来，上海检察工作不只是上海市检察院第三分院在跨行政区划改革上的探索和成效，上海检察机关司法改革的许多做法都为全国提供了可复制、可借鉴的经验

作为全国首批检察改革试点单位，上海检察机关稳步推进各项改革试点工作。2016 年 5 月 17 日至 21 日，河北、内蒙古、黑龙江、西藏 4 个代表团的 16 位全国人大代表应最高人民检察院邀请，围绕"司法改革"主题对上海市检察机关开展为期 5 天的视察。

参加本次活动的全国人大代表有：内蒙古兴安盟人民医院院长助理、老年病科主任**司艳华**代表，西藏自治区那曲地区人民医院副院长**次旺仁增**代表，河北保定城乡建设集团有限责任公司项目经理**梁伟建**代表，中煤张家口煤矿机械有限责任公司技术中心产品工艺研究所工艺员**郭云鹏**代表，内蒙古自治区赤峰市农业技术服务中心推广站站长**汪耳琪**代表，西藏自治区山林芝地区墨脱县德兴乡巴登则村党支部书记**白玛曲珍**代表，西藏自治区山南地区隆子县斗玉珞巴民族乡副乡长**扎西央金**代表，神华乌海能源有限责任公司平沟煤矿动力科业务主管**伊永春**代表，红云红河集团乌兰浩特卷烟厂调研员**王保佳**代表，西藏自治区昌都县城关镇党委委员、通夏村党支部书记**加永尼玛**代表，河北省宣化县东望山乡常峪口联合党总支书记、元子河农业专业合作社理事长**郭建仁**代表，内蒙古自治区鄂尔多斯市蒙古族中学政教处主任**查嘎岱**代表，黑龙江省上甘岭林业局工人**高永**代表，华夏董氏兄弟集团绥棱农场执行董事**董配永**代表，西藏自治区乃东县泽当镇泽当居委会党支部书记、贡桑养殖专业合作社党支部书记**益西卓嘎**代表，河北省张家口市农业科学院总农艺师**赵治海**代表。

"上海司法改革提供了可复制、可借鉴的经验"

2014 年 3 月，上海被确定为全国深化司法体制改革先行先试地区。经过两年的实践探索，上海检察人员分类管理基本完成，检察权运行机制更加完善，检察官综合素质进一步提升，各项检察工作推进平稳有序，代表们纷纷为上海检察机关在司法改革中做出的努力和取得的成绩点赞。

全国人大代表在上海市检察机关未成年人执法办案区视察。

"通过几天的视察，看到上海市各级检察机关近两年来的不断实践探索，尤其在落实员额制、完善司法责任制等方面取得了突出成绩，并明确了下步深化改革思路。"司艳华代表和次旺仁增代表说。

梁伟建代表也表示，上海检察机关在推进司法改革、加大探索专业化案件分类、努力建立一支高素质职业化队伍方面取得很好的经验，建议将上海做法推广到全国各地。

上海市检察院第三分院是全国首家跨行政区划检察院。该院依托上海铁路运输检察分院设立，管辖审理跨行政区划的民商事、行政和资源诉讼案件。"我们看到三分院在推进跨行政区划检察改革、维护公平正义等方面做了大量工作，取得了诸多成效。"汪耳琪代表表示。

在汪耳琪代表看来，上海检察工作在司法改革中取得的成绩，不只是三分院在跨行政区划改革上的探索和成效，在规范司法行为、深化检务公开、主动接受监督、不断提高执法透明度和司法公信力等方面，上海司法改革的许多做法都为全国提供了可复制、可借鉴的经验。

信息化监管平台使得办案全程留痕

走进上海市检察院"综合管理信息平台"值班室，映入眼帘的是整面墙的 LED 显示屏，

上海检察机关在规范司法行为、深化检务公开、主动接受监督、不断提高执法透明度和司法公信力等司法改革方面，为全国提供了可复制、可借鉴的经验。

在这个大屏幕上，显示徐汇区检察院有 2 个询问室正在使用；宝山区检察院的控申接待大厅里，工作人员正在接待来访……各级检察院公开场所和办案区等在大屏幕上一览无遗。工作人员介绍，信息平台不仅可以实时、动态管理上海市检察机关司法办案场所的预约使用、使用时间、使用人等详尽信息，还能对公务用车、干警个人执法工作平台进行管控。

"我刚看到，当工作人员点击电子地图里一辆正在移动的警车时，对话框就会弹出该车车牌号、车型、所属检察院、驾驶人手机号等信息。"郭云鹏代表说，通过这种直观的体验，我切实感受到了检察机关在规范司法行为上所做的努力，尤其是对警车使用的动态信息管理，可以有效减少公权私用、减少违法违纪的发生。

汪耳琪代表则对该平台对检察官"一人一档"的机制印象深刻。一个案子完结，系统会自动生成承办人定案情况、采纳审核意见情况、准确率等，并将系统中的法律文书、报告统一分享至质量评查软件，方便评查员网上评查。"充分运用信息技术等科技手段，能够防止和纠正不规范司法、随意司法、怠于履行职责等问题。"汪耳琪说。

据悉，该信息平台还依托于纳入案管的业务数据，与上海市检察机关内网紧密相连，通过信息化监管平台使得办案全程留痕，自动纠错、规范、问责，成为检察院里的"电子眼"。

白玛曲珍代表和扎西央金代表都是首次走近检察工作，她们由衷地赞叹："通过这个平台能很实在地体会到检察机关对案件管理要求高，案件办理工作的透明度也高，能够真正保障办案公开透明、规范司法行为、维护司法公正。"

人性化的司法办案

松江区检察院设有司法办案区与信访接待区两大功能区，包括（远程）接待、（远程）讯问询问、听证宣告、未成年人心理疏导、嫌疑人待诊、律师接待阅卷等相对独立的子区域，子区域下属的房室根据职能的不同可以实现"个性化定制"，如心理疏导室内设圆桌、沙盘与玩具，同时未检执法办案室具有单向可视心理疏导室的功能，可以避免未成年人产生焦虑与恐惧心理，体现对未成年人身心特征的照顾。

代表们最感兴趣的是未检执法办案室。执法时检察官、被害人、未成年当事人及其法定代理人围坐一桌，体现了对未成年人的司法关怀。代表们还注意到一个巧妙的设计，检察官在办案室没开灯的情况下，可以通过墙上的一面单向玻璃，观察到未成年当事人在心理疏导室的行为表现。

"这种方式方便了检察官分析未成年人的心理状态，能够及时了解发现未成年人的内心想法和缺失。"伊永春代表在体验后说。

心理疏导室里面的布置十分温馨，玻璃柜里有恐龙模型、武器模型、人偶等玩具，还放置了一排排黄色的小花。"孩子们在这样轻松的环境下，容易卸下心防、放松自己。"王保佳代表说，办案区人性化的设置，不仅保护了未成年人心理，也使整个过程阳光透明。

而在听证宣告室，检察机关主要对拟不起诉案件等案件类型进行听证宣告。"听了介绍，以往的听证宣告程序大都在办公室或会议室完成，随意性较强，缺乏严肃性。如今有了听证宣告室这个固定场所，更能体现司法权威和司法公信。"加永尼玛代表表示，这里办案方便，服务到位，让人放心。郭建仁代表则表示，司法办案区规范且人性化，既体现法律威严，又让人感觉亲切。

司法办案区还设置了"综合信息管理平台"，8块巨大的屏幕映入眼帘。这几块屏幕正在实时监控司法办案区所有房间的一举一动，每个房间不留任何死角。加永尼玛代表说："这里办案方便，服务到位，尤其是有视频监控保证办案的公正，让人十分放心。"

检察室的设置为民、便民、利民

"咱们老百姓什么时候能找检察院帮忙？""检察院对执行问题管不管？""办案线索从哪儿来？"在青浦区朱家角检察室，查嘎岱代表向检察人员连连发问。"人民群众对判决结果不服、举报、信访的时候都可以找检察院。"在检察人员一一作答后，查嘎岱代表感叹，社区检察室非常接地气，为民、便民、利民，方便了老百姓维权。

高永代表对检察室职能则很感兴趣，询问："检察室是否办理过村官拆迁方面的问题？"在得到检察人员曾经针对拆迁过程中的腐败问题举办过专项讲座和治理的回答后，高永代表表示了充分的肯定。

董配永代表说，近距离接触让人耳目一新，建议检察机关充分利用现有资源，让更多的普通老百姓有机会前来参观、体验和学习。

位于上海浦东的上海市检察院派驻中国（上海）自由贸易试验区检察室（下称自贸区检察室），在门口电子显示屏上看到这样一句中英文双语问候："自贸区检察室欢迎您！"

自 2013 年 11 月 5 日成立以来，检察室聚焦"金融创新、知识产权、事中事后监管"三项重点，检察室是上海市检察机关为自贸区这一国家战略的实施提供法制保障和法律服务的体现，堪称是一支检察服务"前沿小分队"。

自贸区检察室里面陈列着许多普法展板，上面生动地介绍了许多经典案例。益西卓嘎代表觉得，自己虽然平常对检察工作接触得少，但通过展板和检察人员的介绍能够清楚了解到案例和相关法律，这种形式有助于民众了解检察工作、了解法律。

赵治海代表一边翻阅宣传手册，一边赞叹检察服务工作干得出色。他说自贸区检察室

全国人大代表在上海市检察机关视察。

给人很亲切的感觉，从进门的欢迎标语到开放式办公区、检察职能展板，处处体现出检察室服务保障工作的细致。梁伟建代表则表示，检察室虽然不大，但创新观念强、功能齐全、工作超前，应当积极推广和宣传。

未检工作关键在预防

在中国未成年人检察制度的发源地——上海长宁区检察院，代表们对该院未检工作所做出的努力和取得的成绩纷纷点赞。1986年6月，全国首个"少年起诉组"在长宁区检察院成立，社会调查、法律援助等多项未成年人特殊制度都从长宁诞生。

作为一名人民教师，查嘎岱代表长期关注未成年人工作。她认为，未成年人犯罪预防任重道远。预防未成年人犯罪是学校、家庭、司法机关共同的责任，可以采用法律进课堂和学校、孩子进检察院法院体验等多种形式。

在长宁区检察院未检工作展示馆，案例墙上展示了未检30年来的典型案例。汪耳琪代表不时对着展板拍照，并感叹道，"上海30年未检工作成效显著，已推动建立了'司法办案一条龙'和'社会帮教一条龙'两大体系，对涉案未成年人的审查逮捕、审查起诉、出庭公诉、法律监督、司法救助和犯罪预防等业务，均统一纳入了未检部门，可以说探索出了一条既符合我国国情又有地方特色的未检之路"。

在逐一观看了展板上的未检工作内容后，次旺仁增代表表示，针对未成年人犯罪应将预防犯罪的关口前移，以预防教育为主，辅以心理疏导等方式，才能有效减少犯罪。

寄望检察"铁军"
8 位军队全国人大代表视察黑龙江铁路运输检察工作

"随着经济社会发展，出现了很多新情况新问题。""我们这次来，就是想和你们多交流，共同研究一些问题。"视察期间，代表们表现出浓浓的"问题意识"

全国人大代表在同江铁路大桥施工现场视察。

　　铁路检察移交后工作发展状况如何？面临着哪些问题？2016 年 6 月 21 日至 23 日，8 位军队全国人大代表赶赴黑龙江，对黑龙江铁路运输检察工作进行了实地视察，并与当地铁路运输检察机关及相关部门进行了广泛交流。

　　参加本次活动的全国人大代表有：石家庄陆军指挥学院原政委**姜援朝**代表，工程兵舟桥第三十一旅保障部工程师**鲍俊涛**代表，中国人民解放军 66019 部队 76 分队政治指导员王方代表，空军指挥学院政治工作系政治工作教研室教授**苗润奇**代表，步兵第四师通信营工程师**朱晓芸**代表，驻埃及大使馆原副军职武官**戴绍安**代表，中央军委办公厅第五十一所高级工程师**王辉**代表，战旗文工团二级演员**周彦青**代表等。

关注铁路运输安全

21日上午，代表们走进哈尔滨铁路运输检察分院，拉开了此次视察的序幕。

在21日上午举行的座谈会上，黑龙江省检察院负责人向代表们简要介绍了该省经济社会发展的总体情况和该省检察工作的基本情况。代表们认真听、详细记，不时地与工作人员进行互动交流，现场气氛十分活跃。姜援朝代表风趣地说，大家"不仅是听得认真，而且是入迷"。铁路运输事关公共安全，也是代表们的关注点。鲍俊涛代表表示，火车运行牵连着成百上千名旅客的安危，铁路运输无小事，铁路检察的责任很是重大。

21日下午，在哈尔滨铁路局综合管控中心，代表们看到，几百台电脑同时运行，巨大的电视墙上可以随意查看铁路局下辖各单位及作业现场的实时情况，管控中心还可以随时监控各车次的进站、出站和运行情况，发现问题可以立即与现场管理单位联系。姜援朝代表高兴地称赞"新思路、高科技、大手笔"。

王方代表向工作人员详细地了解系统运行情况，当获悉这一系统当前还只是在铁路系统内部使用时，表示应该研究如何让更多的部门参与进来，最大限度地发挥这套系统的作用。

调研社会热点处置

"随着经济社会发展，出现了很多新情况新问题。""我们这次来，就是想和你们多交流，共同研究一些问题。"视察期间，代表们表现出浓浓的"问题意识"。

2015年5月2日庆安火车站发生枪击事件后，迅速成为关注焦点。因为在事件的处理上快速反应、恰当处置，正确引导舆论，哈尔滨铁路运输检察机关受到上级的充分肯定，并被最高检铁检厅通报表扬。此次视察期间，代表们对检察机关处置这一事

全国人大代表在同江铁路大桥施工现场视察。

件的做法，表示出极大的关注。视察中，检察机关负责人就这个话题专门进行了汇报。

听完汇报，曾经在军内保卫部门工作过的姜援朝代表深有感触地说，检察办案工作很忙很累，也很险，工作难度很大。特别是社会关注的焦点案件，要求检察机关办理案件既要快，又要好。群众对这些案件的定罪量刑结果比较关注，对办案过程不了解，容易对结果产生不理解。如何处置好舆情，既要接受媒体监督，又不受媒体左右，值得很好的研究。

苗润奇代表听完汇报说，这一事件发生后，他就很关注，这一事件的舆情应对工作，时机把握得非常好，引导的效果也很好，有很多值得总结的东西。

共话检察"铁军"建设

朱晓芸代表是第一次走进检察院。记者关注到她一直看得特别仔细，听得特别认真，记得特别详细。她坦诚地告诉记者，以往更多的是通过文件了解检察工作，很珍惜这次能够走进检察院，面对面和检察人员交流的机会。她说这次印象最深的是"铁检人身上体现出的'铁军'精神"。

"铁军"是哈尔滨铁检机关队伍建设的目标。检察机关负责人介绍，"铁军"的说法一语双关，既是铁检队伍与铁路的历史和现实渊源，更是为了落实中央和最高检打造过硬检察队伍的部署和要求。

王辉代表则是第二次走进哈铁检察分院。他对于哈铁分院的"两房"建设更为关注。检察机关负责人向代表们透露了一个好消息：哈尔滨铁路运输检察分院已经完成了项目选址和各项审批工作，年内就可以开工。

"检察队伍建设和军队建设有共同之处。"周彦青代表关注的是如何发挥文化的激励作用。她希望检察机关能够像军队一样重视文化建设、加强文化建设，用文化激发队伍的凝聚力、战斗力。

点赞铁路工程预防

6月23日，视察团一行冒雨赶往同江大桥施工现场。站在正在施工的大桥上，代表们遥望着河对岸的俄罗斯，作为中俄两国界河的黑龙江在脚下翻腾。抚今追昔，十分感慨。

据介绍，在建的同江中俄铁路大桥是连接中俄两国的首座跨黑龙江铁路大桥，大桥建成后，将使同江铁路与俄远东地区至西伯利亚铁路运输大动脉相连，作为黑龙江陆海丝绸之路经济带的黄金通道，对振兴东北老工业基地、合理配置口岸资源、扩大中俄贸易以及推动"一带一路"建设意义十分重大。

在同江大桥工程建设指挥部，代表们把好奇的目光投向一间挂着检察联络室牌子的办公室。参观过检察室后，代表们同佳木斯铁路运输检察院干警和大桥建设人员进行了座谈，重点听取了佳木斯铁路运输检察院针对大桥建设开展特色预防的做法和成效。

"大桥建成，军功章上也有铁检工作人员的一半。"姜援朝代表表示，哈尔滨铁检机关在预防职务犯罪上形成了一套很具体很有效的制度，值得军队反腐倡廉工作学习和借鉴。

一单式工作法解决群众难题

12位福建、广西团全国人大代表视察河南检察工作

代表们对检察机关立足职能、主动作为、服务大局、服务群众的做法和成效给予充分肯定，并提出了许多中肯的意见和建议。

6月21日至23日，恰逢全国检察机关第18个"举报宣传周"，最高检邀请驻福建、广西团的12位全国人大代表，赴河南视察"举报宣传周"活动及为民服务检察工作。

　　2016年6月21日至23日，恰逢全国检察机关第18个"举报宣传周"，最高人民检察院邀请福建、广西团的12位全国人大代表，赴河南视察"举报宣传周"活动及为民服务检察工作。在3天的时间里，代表们先后到河南省院、郑州市院、偃师市院、登封市院、开封市院5个单位走访、座谈，对检察机关立足职能、主动作为、服务大局、服务群众的做法和成效给予充分肯定，并提出了许多中肯的意见和建议。

　　参加本次活动的全国人大代表有：中国水利水电科学研究院副总工程师**郭军**代表，福

建省工商联副会长、盼盼食品集团董事长**蔡金垵**代表，福建省漳州市漳浦县古雷镇岱仔党支部书记**黄志峰**代表，广西民族大学影视创作中心副主任**樊一平**代表，广西建筑科学研究设计院副院长**朱惠英**代表，广西桂林市工人文化宫副主任**向惠玲**代表，广西柳州市交通运输局调研员**吴永春**代表，福建省福州市鼓楼区华大街道环卫所路段班长**谢智波**代表，福建省政协原副主席、党组副书记**李川**代表，九三学社广西柳州市委员会专职副主委**韦秋利**代表，福建省漳州市农村商业银行股份有限公司党委书记、董事长**滕秀兰**代表，广西钟山县旅游局局长**潘夏莉**代表。

一站式大厅提供贴心服务

6月21日上午，代表们顶烈日、冒酷暑，来到河南省检察院控申举报接待暨检务公开大厅。

大厅北侧，设有情绪疏导室、律师接待室等。有代表对律师接待室怎么设在了检察院颇感兴趣。省检察院控申处工作人员向代表介绍，为更好地处理涉检信访案件，该院建立了第三方化解机制，与法律援助中心和律师事务所联系，由律师每周定期到接待大厅接受群众法律咨询，为群众提供法律援助。"引进律师，这种第三方参与化解信访案件的做法是很好的尝试。"郭军代表说。

视察完省检察院控申举报接待大厅，代表们乘车来到郑州市检察院，先后视察了该院的案件管理中心、控申举报接待大厅、办案工作区。

在郑州市检察院预防职务犯罪警示教育基地，工作人员介绍，仅2015年，该院就先后接待287个单位1.7万余人参观警示教育基地。蔡金垵代表感叹地说："用文字、图片、影像、视频等各种表现形式，通过大量真实案例，警示人们遵纪守法，让每个人都心存敬畏，不敢踩踏法律的红线。建议投入更多的人力、物力来推广预防犯罪工作。"

信访制度完善，畅通诉求渠道

22日上午，代表们走进洛阳偃师市检察院，视察偃师市检察院控申举报工作和检察文化建设。偃师市检察院负责人向代表们介绍说，该院实行检察长接待日、点名接访、预约接访、信访案件限时办结、信访案件跟踪回访等制度。由于制度健全、落实到位，该院一直保持涉检赴省、进京信访零纪录。

随后，代表们参观了该院的检察文化长廊、检察文化园。樊一平代表长期从事文化艺术创作，对检察文化建设很感兴趣，他说："检察文化建设是检察工作很重要的组成部分，河南的检察文化建设做得很好，要加强检察文化人才的培养，文化育检，提升检察形象。"

22日下午，代表们前往登封市检察院，视察该院预防犯罪工作。随后在登封市检察院

全国人大代表在座谈会上分享视察感受。

召开座谈会，听取了检察长预防犯罪工作情况汇报，并观看了该院根据真实案例制作的微电影《软软的信》。

"登封未成年人帮教工作是一大亮点。"朱惠英代表说，"预防调查工作做得也很扎实，每年抓住一个主题开展预防调查，特别是针对工程建设等腐败高发领域的预防工作，很有特色。"向惠玲代表曾经从事职业教育，对学生的教育和管理非常关注，她对登封市检察院将国学教育引入涉罪未成年人帮教工作，建立的"崇法尚德，以文化人"全方位帮教机制充分肯定。吴永春代表说，检察机关与学校等联手防范青少年犯罪，值得推广。

23日，代表们来到开封市检察院，先后视察了控申接待大厅、案件管理大厅、赃款赃物管理室。谢智波代表表示，开封市检察院的"一单式工作法"强化了监督，落实了责任，推动了老百姓反映问题的依法及时解决。

一单式工作法解决群众难题

通过三天视察，代表们对检察工作取得的成绩赞许有加，也提出了许多中肯的意见和建议。

李川代表第一次参加检察系统的视察，他说，通过这几天的走访，感到各级检察院有很多优秀的单位，有一支忠诚可靠的检察队伍，认真履行职责，工作做得很扎实。他建议进一步加强预防职务犯罪工作，做到工作常态化。

韦秋利代表说，基层院案多人少、待遇差，人才流失严重，呼吁采取切实的措施提高检察人员的待遇，把检察系统优秀的人才留住。作为金融系统的人大代表，滕秀兰代表建议检察机关加大对非法集资、电信诈骗等金融犯罪打击力度，真正为人民群众的财产安全保驾护航。潘夏莉代表说，河南在网络宣传方面做得很好，希望运用好互联网＋检察，加强网络举报平台建设。其他代表也分别从不同角度、不同侧面提出了意见建议。

在代表意见反馈会上，最高人民检察院控告检察厅厅长对代表的意见建议逐一进行了回应，表示将逐条梳理汇总，原汁原味报告。同时表示，今后要进一步加强与人大代表的联系，改进联系方式，拓展联系对象，及时办理议案建议。

乡镇检察室背后的生态理念
15 位湖南团全国人大代表视察江西检察工作

在检察室的电子触摸屏上，圣辉代表点击智慧检察智慧林业信息平台，看到了中国特产稀有鸟类、国家一级重点保护动物中华秋沙鸭在当地悠然嬉戏的视频

2016 年 6 月 27 日至 30 日，最高检邀请 15 位湖南团全国人大代表视察江西检察工作。

代表们先后到鹰潭、九江、南昌等地，视察三级检察院和派驻乡镇检察室，调研江铜集团贵溪冶炼厂、江西晶能光电科技有限公司等企业，参观鄱阳湖生态经济区、南昌市高新区规划展示馆，亲身体验江西检察机关服务大局、规范司法、加强生态检察等工作情况。

参加本次活动的全国人大代表有：中国佛教协会副会长、湖南省佛教协会会长、湖南长沙麓山寺方丈**圣辉**代表，湖南省张家界市人大常委会主任**朱辉军**代表，中国建筑工程总公司总经济师**鲁贵卿**代表，湖南吉首大学国际教育与公共外语教育学院教授**张苹英**代表，湖南山河智能装备股份有限公司基础装备事业部市场部推广专员**张晓庆**代表，湖南省人民政府参事、湖南秦希燕联合律师事务所主任**秦希燕**代表，湖南省司法厅副厅长、民革湖南省副主委**傅莉娟**代表，湖南省石门县住房和城乡建设局副局长**戴海蓉**代表，湘潭市人大常委会原主任**阳祖耀**代表，张家界市人民医院院长**姚媛贞**代表，湖南省耒阳市龙塘镇龙形村村委会主任**伍冬兰**代表，中国化学工程第四建设有限公司董事长**刘德辉**代表，湖南省岳阳市人大常委会主任**李湘岳**代表，湖南省博长控股集团有限公司、冷水江钢铁有限责任公司董事长**陈代富**代表，湖南省湘西民族职业技术学院党委书记**吴正有**代表。

乡镇检察室背后的生态理念

6 月 28 日，代表们经过 70 多分钟的车程，来到贵溪市检察院派驻金屯检察室，这里也是鹰潭市林业生态法治教育基地和青年检察官实训基地。在检察室大厅的墙壁上，代表们仔细查看一幅贵溪市地图，发现金屯检察室扼守在通往一片翠绿色森林的交通要道上。

在检察室的电子触摸屏上，圣辉代表点击智慧检察智慧林业信息平台，看到了中国特产稀有鸟类、国家一级重点保护动物中华秋沙鸭在当地悠然嬉戏的视频。100 多只中华秋沙鸭的出现，印证着贵溪市良好的生态环境。这样的情景让他很高兴："检察室的工作，

代表们了解鄱阳湖生态经济区发展规划。

维护着人与动物、与自然的和谐，体现了人类文明的发展。"

　　渔舟唱晚，清晖入画，秀美江西的各级检察机关已经把加强生态检察融入日常工作中。2015 年 8 月，江西省检察院在全省检察机关集中开展为期一年的"加强生态检察 服务绿色崛起"专项监督活动。2016 年 5 月，江西省检察院联合该省政府新闻办公室召开专题新闻发布会，向社会发布 11 起典型案例和加强生态检察工作 12 条意见，受到社会各界广泛关注。

　　"江西检察机关把'五大发展理念'融入检察工作之中，这一方面是对江西人文精神的传承，另一方面说明了江西检察机关对绿色发展、生态文明的深刻理解，江西检察机关的工作确实具有前瞻性。"鲁贵卿代表如是说。

规范司法行为工作的台前幕后

　　"高度、热度、密度、广度、深度、尺度、经度、纬度"，在共青城市，检察机关用"8 个度"向代表们概括性地介绍了九江市检察机关规范司法工作。参观中，来自湖南吉首大学的张苹英代表仔细观看着展板内容，并用手机逐一拍下照片，她说："我

对检察机关怎么抓好规范司法工作比较感兴趣，检察机关是一个监督机关，它本身做得怎么样，对司法队伍的影响很大。"

各级检察机关的案件管理部门在促进规范司法方面承担着重要职责，是检验规范司法工作的窗口。这次视察，案管部门工作是一项重要内容。在南昌市检察院案管大厅，讲解人员为代表们介绍了案件受理、律师接待、律师会见、案件信息公开、电子卷宗制作等功能区。在检务公开平台上，张晓庆代表点击"案件查询"模块，进入了"人民检察院案件信息公开网"。"检察职能、检务公开、办案流程、案件查询、法律法规"，便利的查询方式让代表们感受深刻，张晓庆代表说："要进一步加大信息化投入。"

在刚刚启用 3 个月的江西省检察院检务大厅，秦希燕代表在律师阅卷室和前来阅卷的律师同行热情交流。视察过程中，秦希燕代表在每一个检察院的案件管理部门都认真查看、体验。他的感受是："检察机关现在的措施很得力，解决问题很具体。"他希望江西检察机关能够在规范司法行为上长久发力，坚持常态化发展。

检察人员的详细介绍，让代表们对检察机关的司法办案工作有了更多了解。朱国军代表说："江西省检察机关以司法办案为中心，全面推进检察工作，抓规范很有力度。"对于检察工作，代表们也有了更多新要求和新期待，傅莉娟代表说："检察机关要严格规范司法，让人民群众在每一个案件中感受到公平正义。"

地方经济发展是代表们的牵挂

在贵溪市，代表们视察了世界 500 强企业江铜集团贵溪冶炼厂。代表们一边观看厂史展览，一边详细了解企业生产经营情况，对企业的先进管理水平和生产工艺表现出浓厚的兴趣。在南昌市，代表们的脚步延伸至高新技术企业，来到了位于南昌高新区的晶能光电有限公司，仔细了解这家荣获了国家技术发明一等奖的高科技企业的生产经营情况。

这些行程，让代表们真切感受着江西——这个与湖南共饮长江水、地域肩并肩的兄弟省份发生的巨大变化。傅莉娟、秦希燕等代表表示，希望江西检察机关立足检察职能，加大法律监督，打击犯罪与保障经济发展并重，为经济社会发展保驾护航。

30 日下午，本次视察活动反馈会上，代表们表示，对江西检察工作非常满意，对江西检察队伍表示充分肯定。戴海蓉代表用一句话表达代表们的这次江西之行："心里暖暖的，收获满满的！"

"检徽高悬法擎天，规矩准绳有方圆"

14位河北团全国人大代表视察甘肃检察工作

曹宝华代表写了一首诗来为甘肃检察工作点赞：检徽高悬法擎天，规矩准绳有方圆。惩恶扬善乾坤定，公平正义社稷安。忠诚为民善亮剑，秉公执法正本源。遵循法度金汤固，华夏圆梦有青天

7月4日至8日，最高检邀请14位河北代表团的全国人大代表，以"基层人民检察院建设相关情况"为主题，赴甘肃省视察检察工作。

    2016年7月4日至8日，最高检邀请14位河北代表团的全国人大代表，以"基层人民检察院建设相关情况"为主题，到甘肃省视察检察工作。

    参加本次活动的全国人大代表有：河北春风实业集团有限责任公司董事局主席、总裁

曹宝华代表, 河北省石家庄市青年评剧团副团长、国家一级演员靳灵展代表, 河北省衡水市一壶斋工艺品有限公司工艺美术师张汝财代表, 河北省保定市莲池区东关街道东方家园社区党总支书记、保定市红梅社工服务中心主任袁红梅代表, 河北省承德县下板城镇朝梁子村党支部书记杨秀华代表, 河北易水砚有限公司工艺设计师张淑芬代表, 河北省邯郸市城管局垃圾管理处环卫工人闫光华代表, 河北省邯郸市检察院党组副书记、常务副检察长贾春梅代表, 中煤张家口煤矿机械有限责任公司技术中心产品工艺研究所工艺员郭云鹏代表, 河北省宣化县东望山乡常峪口联合党总支书记、元子河农业专业合作社理事长郭建仁代表, 河北省承德市交通运输局局长张富民代表, 中国中车股份有限公司副总裁余卫平代表, 河北省永年县界河店乡杜刘固村委会主任、河北钢铁集团永洋钢铁有限公司董事长兼总经理杜庆申代表, 河北省广平县第三中学校长冷继英代表。

"保民生、促三农"专项行动获赞

"通过几天的走访和视察, 我看到了甘肃检察工作在基层检察院建设中所做出的努力和取得的成就。甘肃检察机关立足本职、服务大局, 在不断完善基层检察院建设、推进检务公开、查办和预防职务犯罪、加强司法规范化建设、健全便民利民措施等方面做了大量卓有成效的工作, 这些工作力度大、措施实、效果好, 树立了检察机关的良好形象, 提高了司法公信力, 为推动社会经济发展提供了有效的司法保障。"余卫平代表说。

张富民代表也表示, 甘肃检察机关在"保民生、促三农"等很多方面的做法都不错, 让人有耳目一新的感觉, 应该多加宣传和推广。"保民生、促三农"专项行动即"保障民生民利, 促进农业发展、农村繁荣、农民增收"。

"甘肃的检察工作给我留下了很深的印象, '保民生, 促三农'专项工作接地气, 检务公开工作稳步提升也有效促进了经济的发展。"曹宝华代表更是写了一首诗来为甘肃检察工作点赞: 检徽高悬法擎天, 规矩准绳有方圆。惩恶扬善乾坤定, 公平正义社稷安。忠诚为民善亮剑, 秉公执法正本源。遵循法度金汤固, 华夏圆梦有青天。

用法律和制度保障"最后一公里"通达百姓家

除了在乡镇设立检察室, 甘肃各级检察院还把检察服务室建到扶贫办、工商联、企业、街道, 联系项目和企业, 促进廉洁和发展。

在会宁县院驻县工商联检察联络室和驻兰州市轨道交通公司施工现场预防职务犯罪工作站, 代表们实地感受到了检察机关加大项目建设监督力度, 帮助企业预防犯罪整章建制, 结合企业实际推进解决涉法涉诉问题方面所做的大量工作。代表们纷纷表示, 这项工作切实保证了资金在阳光下运行, 促进了工程优质、干部廉洁, 营造了企业发展的良好法治环境,

7月7日,代表们视察兰州市轨道交通公司施工现场预防职务犯罪工作站。

有重要社会价值。

而在兰州市城关区雁南街道办事处也设有检察联络室,他们通过宣传册、名片、便民服务卡的方式拓宽了服务群众的渠道。贾春梅代表仔细询问,城关区面积不小,检察人员安排得过来吗?工作人员回答,每月都会安排专人来联络室解决问题,还通过这里的线索查办过影响力较大的案件。贾春梅代表感叹:"这就是家门口的检察院,联系群众的最后一公里。"

郭云鹏代表和郭建仁代表均表示,几个检察室看下来,虽然形式略有不同,但总体公示内容明确,反响很大,是有胆识有突破的做法,将政策资金项目全都暴露在阳光下,起到了很大的作用,也获得了老百姓认可。

贾春梅代表说,检察室和检察联络室的设立,反映出甘肃检察机关高度重视民生,积极应对民生问题,真正为老百姓做事,用法律和制度保障"最后一公里"通达白姓家。

"科技强检很重要"

除了"保民生、促三农"和"两联系、两促进"专项行动,甘肃检察机关还积极开展"联村联户，为民富民"的"双联"行动，保障扶贫攻坚中心工作完成。

在庆阳市西峰区检察院，代表们视察了案件管理大厅、远程视频接访室、预防职务犯罪警示教育基地和"保民生、促三农"专项活动室等。在西峰区检察院检委会会议室，代表们观看了检察机关检委会智能会务系统的演示，对检委会大力推行无纸化办公办案和电子检务的做法给予高度赞赏。

平凉市崆峒区检察院也是代表们重点视察的地方。在这里，讯问犯罪嫌疑人可以实现全程同步录音录像，利用监控系统全程监控每个讯问室的讯问过程，侦查部门还可以远程遥控指挥，调查取证，指导办案。余卫平代表和郭云鹏代表认真按压了办案区的软包墙面和讯问室的软包座椅，感叹这里采取的措施既人性化，也能保证嫌疑人的安全，十分有必要。在情绪疏导室，张淑芬代表认为，及时对心情状况不佳的嫌疑人进行疏导，不论对案件办理还是其本身都是有很大好处的。

曹宝华代表呼吁，科技水平对检察工作来说十分重要，要进一步加大科技强检的力度。

确立规范司法的"高压线"
11 位陕西团全国人大代表视察辽宁检察工作

代表们一致认为，规范司法是对检察机关最基本的要求，每一位检察干警要在心中树立"红线"，在方方面面确立规范司法的"高压线"

　　2016 年 7 月 8 日至 11 日，最高检邀请来自陕西团的 11 位全国人大代表，到辽宁省视察检察工作。代表们行程上千公里，深入细致了解检察工作。在沈阳、丹东、大连等地的检察机关，均留下了他们的足迹。代表们对视察的检察机关相关工作给予充分肯定，同时也留下了一条条宝贵建言。

7 月 8 日至 11 日，最高检邀请来自陕西团的 11 位全国人大代表，到辽宁省视察检察工作。代表们行程上千公里，深入细致了解检察工作。

参加本次活动的全国人大代表有：中国科学院院士、中科院地球环境研究所所长**周卫健**代表，陕西省西安市公共交通总公司第二公司四车队党支部书记**王曼利**代表，陕西省总工会干部**刘小萍**代表，陕西煤业化工集团有限责任公司党委书记**华炜**代表，陕西省西咸新区党工委书记**王军**代表，陕西法士特汽车集团公司首席培训师**曹晶**代表，陕西省合阳县黑池镇南廉村党支部书记**雷温芳**代表，陕西省凤县检察院副检察长**周喜玲**代表，西安饮食股份有限公司职工**胡春霞**代表，陕西煤业化工集团铜川矿业有限公司下石节煤矿工会主席**徐群贤**代表，国家开发银行股份有限公司行务委员、贷委会专职委员**黄俊**代表。

对外服务窗口很亲民

此次出行，是许多代表第一次近距离视察检察工作，他们对检察机关对外服务的窗口"案件管理中心"和"为民服务大厅"印象非常深刻。黄俊代表说："这里和银行的服务窗口很像，空调、饮水机、复印机、书写台、文件夹、雨伞架等便民设施一应俱全，感觉很亲民。"

检察机关的案件管理中心一般承担着案件受理，接待辩护人、诉讼代理人，信息公开，统一管理涉案财物等职能。代表们视察时表示："检察机关为民服务的方式一直在与时俱进。在案件受理过程中，系统自动将案件分派到承办人，有效避免了人情案、关系案的发生。在律师阅卷区，律师可以很方便地通过阅卷平台阅卷，改变了他们过去传统的纸质阅卷方式，是一个很大的进步。"

"外部或内部人员能不能对电子卷宗进行修改？"周卫健等代表在视察电子阅卷区时对电子卷宗的加密问题提问。"电子卷宗是辅助纸质卷宗的，并安装了最高检指定的加密系统，只能看，任何人不能编辑更改电子卷宗。"检察工作人员针对问题及时讲解。

在沈阳市大东区检察院为民服务中心，王曼利代表和刘小萍代表围在"案件查询系统"屏幕前点击操作，两位代表分别点击了"法律法规"和"案件信息查询"按钮进入相关界面："这个触摸屏比较灵敏，查询起来确实很方便！"

规范司法看得见

从省会沈阳到边境丹东，再到海滨城市大连，代表们关注较多、讨论热烈的另一个问题是"规范司法"。代表们一致认为，规范司法是对检察机关最基本的要求，每一位检察干警要在心中树立"红线"，在方方面面确立规范司法的"高压线"。

在辽宁省检察院办案工作区，辨认室、询问室、讯问室、指挥中心一应俱全。讯问室里，办案台上的蓝色边框的电话引起了代表们的兴趣，检察工作人员告诉代表："正常情况下打进来，这部电话是不会有铃声的，但是电话蓝色的边框可以发光，提示有电话进来，方便总指挥室来电指挥。"

代表们参观检察博物馆大连分馆。

工作人员提醒大家抬头查看房间的若干摄像头，王军代表询问："这些摄像头是否对房间全方位全覆盖？"得到肯定回答后他点头并表示，"一定要使用好、维护好监控设备，不能形同虚设。"

代表们重点视察的还有大连市检察院的办案区。在大连市检察院办案区指挥中心的大屏幕上可以看到若干办案场所的实时监控画面，实现对办案工作区内办案行为的全程监控。"某个房间的画面可以放大吗？""不同房间的画面可以切换吗？"代表们认真询问。

"办案区的一切设施有利于保证检察机关的公正司法。""可以利用设备的完善和先进，倒逼规范化司法。"曹晶等代表告诉记者。

在大连市检察院司法鉴定中心，法医、文检、司法会计、心理测试、视听技术、网络信息管理（电子证据）等场所先进的设备令代表们目不暇接。雷温芳等代表表示："这还是第一次近距离参观司法鉴定中心，许多设备以前只是在电视上看到过。犯罪手段升级了，检察官的侦查手段也要跟着升级！"

未成年人检察有特色

周喜玲代表身为一名检察官，她非常关心未成年人检察工作。在参观沈阳市大东区检察院未成年人检察工作场所时，她紧紧跟着讲解人，并一路用手机拍照。

在另一个未检办案区——宣告听证室，代表们视察了很长时间，这里承担着讯问和宣告功能。"未成年被不起诉人站在悔过台上，其法定代理人在旁边站立，检察官、社区帮教人和辩护人也是相对而立，在整个宣告程序还有一个训诫环节，检察官社区帮教人和辩护人会对被不起诉人进行训诫。"检察工作人员介绍。

周喜玲代表说："针对未成年人身心特点设置的这些环节非常有必要，整个宣告程序严肃又亲切，环节设置得很齐全，充分给未成年人悔过的机会。"

胡春霞代表是一名 80 后，她充分肯定了大东区检察院"送法进学校"和"卡通形象宣传"的做法。她说："检察机关在对未成年人进行普法宣传时，要针对不同年龄段青少年采取他们喜闻乐见的方式。"

在充实紧凑的过程中，代表们不仅到各级检察机关走访视察，还参观了检察博物馆大连分馆，这里是解放战争时期关东高等法院首席检察官曾经工作过的地方。在博物馆内，代表们对检察机关的职能有了进一步的认识，对检察机关未来的发展寄予厚望。

代表们对最高检组织全国人大代表异地视察检察工作这种形式给予了高度评价。"不理解是因为不了解"，华炜代表建议检察机关进一步丰富代表视察的内容和形式，加强交流和宣传，让代表和老百姓对检察工作有更直观、更深入的了解。

多角度了解 全方位履职

15位湖北团全国人大代表视察山西检察工作

罗功英代表说：我是一名农民代表，过去对检察工作了解不多，这次通过视察山西省检察机关，感觉学习了很多新的内容

2016年7月26日至29日，15名湖北团全国人大代表受最高检邀请，远赴山西省进行视察。在山西省检察院高度重视和精心周到的安排下，代表们3天时间里行程1000多公里，分别深入长治、晋中、吕梁等地检察机关进行实地视察，采取听汇报、座谈、参观等形式，全方位、多角度地了解检察工作。

参加本次活动的全国人大代表有：长江大学信息与数学学院院长**孙玉秋**代表，湖北省大冶有色金属公司职工、湖北省黄石市残联主席团副主席、武汉音乐学院教师**李莉**代表，湖北省信义兄弟建筑工程有限公司董事长**孙东林**代表，中国保险监督管理委员会湖北监管局原局长**左绪文**代表，湖北春晖集团董事长**谭伦蔚**代表，东风汽车有限公司商用车总装配厂首席工程师**王涛**代表，湖北省人民宗侨外委员会副主任委员**谢余卡**代表，湖北省保康县县委常委、马桥镇尧治河

7月26日至29日，15名湖北团全国人大代表受最高检邀请，远赴山西省进行视察。

代表们近距离了解检察工作，让山西省各地检察机关的亮点得以充分呈现。

村党委书记**孙开林**代表，长江财产保险股份有限公司董事长**杨晓波**代表，湖北省丹江口市茅腊坪村村民**辛喜玉**代表，湖北省恩施州卫生学校副校长**杨琴**代表，湖北省恩施州建始县龙坪乡店子坪村党支部书记、村委会主任**王光国**代表，湖北省广水市郝店镇养殖专业户**黄俊**代表，湖北省仙桃市陈场镇福利院副院长**罗功英**代表，湖北省襄阳市际华三五四二纺织有限公司后纺车间教练工**唐玲玲**代表。

关注检察机关服务非公经济

7 月 26 日，15 名湖北团全国人大代表出发赴山西视察检察工作。

"非公经济"是代表视察团里关注的话题，孙东林代表说："我是一名来自民营企业的代表，近年来，检察机关在服务非公企业方面做了不少工作，应该说在服务非公经济发展方面，检察机关大有可为，怎样做好'亲'和'清'的工作，怎样更好地服务民营经济，这需要我们共同努力。"

对于有的代表来说，走进检察院，近距离了解检察工作，还是第一次。左绪文代表说："无论是过去在工作中对检察机关的了解，还是这几天在视察活动中的感受，个人认为检察机关自上而下都非常注重与社会各界的联系与沟通。"

几天来，代表们认真了解检察工作，让山西省各地检察机关的亮点得以充分呈现。刚刚荣获"全国检察机关基层检察院建设组织奖"的长治市检察院在司法改革试点工作落实司法责任制过程中出台的"1+8+8"配套体系，让代表们印象深刻。一时间，司法改革成为代表们热议的话题。

谭伦蔚代表说："通过这几天的视察工作，看到了检察机关工作成效，特别是加深了对司法体制改革工作的了解，希望检察机关在推进改革过程中注重加强对有关问题的研究，积极攻坚克难。"

王涛代表说："这次视察了几个基层院，感觉各个方面的工作都有一定特色，基层检察机关人员少、工作压力大，希望进一步加大对基层检察院的投入，包括人财物各个方面，都要给予更大的支持，使基层的干警更加安心工作。"

未检工作结出累累硕果

29 日，代表们观看了"山西省检察机关未成年人检察工作纪实"的专题片，该片全面综合地反映了山西省各地检察机关的未成年人检察工作，可谓是亮点纷呈。

谢余卡代表说："这次视察了山西检察机关的未成年人检察工作，感觉检察机关在保护未成年人方面做了大量工作，建议以后继续重视这项工作。"

孙开林代表说："关注未成年人的健康成长，检察机关做了大量工作，但保护未成年人不能仅靠检察院的未检部门，我们各级人大代表应身体力行做好表率，向社会呼吁，让大家、让社会都来关心下一代。"

孙玉秋代表说："武乡县检察院与二中建立'周五课堂'，采用'案例面对面'的形式，使学生全面提高法律知识的积累，增强孩子们不违法犯罪的免疫力，促进学生养成遵法守法用法的良好习惯。孝义市检察院长期坚持法制教育进校园系列活动，值得学习推广。"

辛喜玉代表说："我感觉到这几年来，检察机关对未检工作越来越重视，成效也明显，老百姓及学校等方面都非常认可，我们代表也是十分满意的。对未成年人的教育应当是全社会的责任，大家应该共同参与、共同关心未成年人的成长。"

代表点赞，关注检察事业发展

通过开展全国人大代表跨省交叉视察，代表们加深了对检察工作的理解和认识。29日下午，视察活动接近尾声，山西省检察院召开座谈会听取全国人大代表对检察工作的意见与建议时，代表们纷纷对检察机关表示感谢。

黄俊代表说："这几年检察机关非常注重加强与人大代表的联系，经常上门听取意见和建议。通过这几天的视察工作，我们对检察机关的工作职能也有了进一步的了解，我们也会尽职履责，帮助检察机关共同做好法制宣传工作。"

罗功英代表说："我是一名农民代表，过去对检察工作了解不多，这次通过视察山西省检察机关，感觉学习了很多新的内容，特别是通过实地视察、观看专题片、看宣传画册，感觉这里的各项工作都做得不错，希望能探索出更多更好的经验。"

唐玲玲代表说："非常感谢高检院、省人大和省检察院组织的这次视察活动，让我此行学到了很多，对检察院的工作有了进一步了解，对今后的履职有很大的帮助。我会继续关注检察和支持检察。"

走基层 看变化 谋发展
13 位安徽团全国人大代表视察云南检察工作

问渠哪得清如许？为有源头活水来。基层检察工作的发展态势令代表们感到振奋，赞叹不已。这些变化是如何发生的？视察中，代表们发现了成功秘笈

　　"云南基层检察工作的发展进步令人振奋，让我们对检察事业科学发展充满期待""基层检察工作有作为、有担当、有特色、有亮点，也有进步空间。"……2016 年 8 月 4 日，云南省检察院检察委员会会议室内，13 名全国人大代表正在向省检察院反馈视察意见建议，云南省检察院负责人认真地边听边记。

　　8 月 1 日至 5 日，应最高检邀请，以"走基层、看变化、谋发展"为主题，13 名安徽团全国人大代表赴云南实地考察了检察机关基层基础工作。

　　参加本次活动的全国人大代表有：安徽省林业科学研究院研究员于一苏代表，安徽省出版工作者协会主席、安徽出版集团原董事长王亚非代表，安徽省阜阳师范学院外国语学院副院长卢凌代表，安徽省种子协会秘书长李爱青代表，安徽工业大学商学院教授杨亚达代表，安徽省宿州市农业科学院研究员杨杰代表，安徽省黄山市休宁县霞溪新林草农民专业合作社理事长陈光辉代表，安徽省妇联执委、滁州市绿园蔬菜专业合作社总经理胡大明代表，安徽省民建委员会副主委、畜禽遗传资源保护中心主任赵皖平代表，安徽省社科院研究员钱念孙代表，安徽省灵璧县高楼镇高庄村村民彭伟平代表，淮化集团有限公司首席员工、焊工高级技师陆胜祥代表，安徽省池州市贵池区杏花村街道长岗社区党支部书记、居委会主任夏玉发代表。

零距离了解基层检察工作

　　统计显示，全国 88% 的检察院在基层，80% 的检察人员在基层，90% 的案件办理在基层。"近年来，检察机关始终把加强基层院建设作为基础性战略任务，坚持工作重心下移、检力下沉，坚持不懈抓基层打基础，不断夯实检察工作发展根基。"最高检政治部有关负责人介绍，组织这次视察的目的，是专门请全国人大代表深度感受基层检察工作，深切体验近年来检察机关基层基础工作发生的巨大变化，并就如何推进新时期基层检察工作发展

8月1日至5日，应最高检邀请，以"走基层、看变化、谋发展"为主题，13名安徽团全国人大代表赴云南实地考察了检察机关基层基础工作。

献计献策。

视察期间，代表们先后深入安宁市检察院、普洱市检察院和景洪市检察院，实地考察办公区、办案区和警示教育基地及特色文化阵地，与检察干警座谈，零距离了解基层检察工作。

问渠哪得清如许？为有源头活水来。基层检察工作的发展态势令代表们感到振奋，赞叹不已。这些变化是如何发生的？视察中，代表们发现了成功秘笈——最高检研究制定并持续推进落实《2014—2018年基层人民检察院建设规划》，努力提升基层检察院司法规范化标准化、队伍专业化职业化、管理科学化信息化、保障现代化实用化建设水平。

代表们表示，一走进办案区，司法规范化标准化的感觉就会迎面扑来。"同步录音录像既能监督检察人员规范司法，又能作为证据证明检察人员没有刑讯逼供，值得肯定。"在安宁市检察院，杨亚达代表对检察机关讯问职务犯罪嫌疑人实行同步录

一路走来，代表们切实感受到基层检察工作的巨大进步，为云南基层检察院"八化"建设取得的成绩"点赞"。

音录像的做法颇感兴趣，接连询问了好几个问题。来到普洱市检察院，当看到只能进行单面辨认的辨认玻璃后，钱念孙代表饶有兴致地从辨认室跑到被辨认室，亲身感受了一把单面辨认的神奇，直言"保护工作做得好"。

检务公开　一站式服务

每走进一个检察院，检务公开大厅总能吸引代表们驻足观看，体验加强管理科学化信息化建设带来的变化：案件信息公开、律师阅卷等这些曾经需要当事人或律师"来回跑"的工作，如今在检务公开大厅轻松实现了"一站式服务"。

结束对三个检察院功能齐全、分工精细的办案、办公区的参观，代表们无不对保障现代化实用化发出赞誉之声，连称"没有好干的事，但也没有干不好的事"。

一路走来，代表们既切实感受到基层检察工作的巨大进步，为云南基层检察院"八化"建设取得的成绩"点赞"，也心系"八化"建设面临的问题。

对民族边疆地区检察工作而言，队伍专业化职业化尤显重要。景洪系西双版纳傣族自治州首府所在地，当地居民以傣族为主。景洪市检察院负责人坦言，办理涉民族案件时，启用会说汉语和傣语的双语检察官往往会达到事半功倍的效果，但是目前双语检察官面临人员不足、培训不够等问题。"我们为基层检察院工作的进步高兴，也为面临'瓶颈'和'短板'心忧。我们一定会把基层检察工作遇到的困难和难题反映上去，为更好推进基层发展提供支持。"杨杰代表回应说。

反馈座谈会上，代表们就进一步深入推进基层院"八化"建设，提出不少很有价值和针对性的意见建议，被云南省检察院和最高检政治部原汁原味记录下来。"感谢代表们的理解和支持，对大家的意见建议，我们将认真总结，整改落实。"云南省检察院负责人说。"我们将认真梳理大家的意见建议，提出改进工作的措施，形成专项报告呈报最高检党组，推动基层院建设不断发展进步。"最高检政治部有关负责人说。

一张闪亮的"检察名片"

14位江西团全国人大代表视察湖南检察工作

代表们纷纷点赞，认为湖南检察机关大力倡导和践行"让检察机关成为良好发展环境的重要组成部分甚至标志"的理念适应了发展新常态，取得了很好的成效

2016年8月22日至26日，应最高检邀请，14名江西团全国人大代表专程赶赴湖南视察检察工作。5天的时间，代表们先后视察了湖南省检察院及长沙、湘潭、怀化、湘西等地检察机关，通过听取汇报、座谈、走访等形式，深入了解检察机关服务企业发展、新形势下检群关系、民事行政检察、服务生态环境建设等工作开展情况。

参加本次活动的全国人大代表有：江西省萍乡市金海岸实业有限公司鑫海岸商务酒店总经理**侯玉雯**代表，新华社《半月谈》杂志社党组副书记、常务副总编**王运才**代表，中国瑞林技术有限公司总经理、江西南冶资产管理有限公司总经理**肖利平**代表，江西省儿童

8月22日至26日，应最高检邀请，14名江西团全国人大代表专程赶赴湖南视察检察工作。

医院护理部副主任**胡梅英**代表，江西省丰城市蕉坑乡驻台州流动党支部书记、办事处主任**卢金生**代表，江西省监察厅副厅长兼省预防腐败局副局长、民盟江西省委会副主委**何建洋**代表，江西省工商联常委、江西恩达家纺有限公司董事长**邱新海**代表，江西省侨联原专职副主席**陈世春**代表，华东交通大学理工学院董事长、党委书记**陈志胜**代表，南昌航空大学校长**罗胜联**代表，江西省煤炭集团公司丰城矿务局坪湖煤矿洗煤厂洗煤班班长**胡淑萍**代表，中国民间商会副会长、泰豪集团有限公司董事长**黄代放**代表，江西省瑞昌市公安局肇陈派出所指导员**周俊军**代表，江西省水利科学研究院副院长、江西省大坝安全管理中心主任**傅琼华**代表。

服务企业"除虫"又"护花"

"湖南检察机关出台的查办涉企案件经济影响评估制度等举措让企业感觉很温暖，有效增强了市场活力和社会创造力。"侯玉雯代表对检察机关在服务非公经济工作中推行的"除虫护花"机制甚是赞赏。

尤其是在长沙县检察院视察时，代表们了解到该院设置了驻经济开发区检察室，建立了企业检察联络员制度，在服务企业科技创新等方面办了不少案件。代表们对"服务＋打击＋预防＋保护"的四位一体工作机制给予了高度肯定："没想到检察机关服务企业的方式，不仅有打击，还有预防和保护手段。"

代表们还到三一重工、远大集团等企业进行了实地走访，视察了企业展区、智能数字化工厂、生产车间，与企业负责人面对面交谈，了解检察机关服务企业发展情况。在三一重工的生产车间，向文波总裁向代表们介绍了发生在该公司的全国首例大型工程机械 GPS 类型破坏计算机信息系统案，长沙县检察院派员依法提前介入，辗转多个省份，寻找固定证据的突破点，顺利将该案提起公诉，有效保护了企业的自主知识产权，维护了市场经营秩序，促进了企业的健康发展。

代表们纷纷点赞，认为湖南检察机关大力倡导和践行"让检察机关成为良好发展环境的重要组成部分甚至标志"的理念适应了发展新常态，取得了很好的成效，在司法实践中做到了"办案与服务并行、惩治与保护并重、打击与预防并举"，为护航经济社会发展提供了有力的司法保障。

不忘"人民检察为人民"的初心

"很高兴来到韶山，身临其境感受毛主席家乡的检察工作。" 8 月 23 日，代表们来到韶山市检察院，视察构建新形势下检群关系工作的开展情况。

"咦，这是什么？"一到韶山市检察院大门口，代表们就被一块滚动着字的电子显示屏所吸引。在检察人员的讲解下，了解到这是该院终结性法律文书公开电子显示屏。原来，这些文书除在此滚动播放外，同时还在该院门户网站、案件触摸查询系统进行公开，接受社会各界监督评议，以保障人民群众的知情权和监督权。

在门卫处，一张红色表格也引起了代表们的兴趣。王运才代表询问后，得知是《来院办事人员评议监督干警作风表》，所有来院办事人员对接洽干警的服务态度、办事效率、公正廉洁和队伍形象进行评价，对一月内被评价3次"一般"以下等次或被群众投诉的干警，该院纪检监察部门将启动调查核实程序，情况属实的依纪依规严肃处理。

在办公楼一楼大厅，代表们饶有兴致地参观了构建新形势下检群关系的展板，对检察民情站、网上举报、"两微一端"等检民互动服务平台和检务见证、检务评议等检务活动有了详尽了解，有的代表还拿起手机对着印在墙上的微信公众号二维码"扫一扫"，现场关注。代表们还观看了构建检群关系的汇报专题片。

"湖南检察机关的检群关系深入人心。"肖利平代表认为韶山市检察院新形势下检群关系工作很有基础、很有成效，极具"韶山特色"，是全国检察机关的一面旗帜。

一张闪亮的"检察名片"

"我很关注虚假广告问题，一直在想到底谁来管？很可喜的是，通过此次视察，看到检察机关在这方面的努力，得知民行检察部门可以进行监督。"胡梅英代表来自医疗卫生行业，在视察了怀化市检察院的民事行政检察工作后，加强了对民事行政检察职能的了解，并为虚假广告问题找到了解决途径感到开心。

代表们认为湖南检察机关在民事行政检察工作上作出了有益探索，在民事行政检察工作服务经济社会发展领域取得较大成绩，是一张闪亮的"检察名片"。卢金生代表希望检察机关充分发挥民事行政检察职能作用，创新监督机制，规范监督行为，增强监督实效。

三个"窗口"不一般

18 位广东、上海团全国人大代表视察宁夏检察工作

代表们了解到，宁夏检察机关远程视频接访系统已实现四级联通，并充分运用于群众接访、询问当事人、上下级会商案情、讨论案件等，为工作带来便捷、高效

8 月 23 日至 26 日，应最高检邀请，来自广东团、上海团的 18 位全国人大代表来到宁夏回族自治区，对宁夏检察工作进行视察。

2016 年 8 月 23 日至 26 日，应最高检邀请，来自广东团、上海团的 18 名全国人大代表来到宁夏回族自治区，对宁夏检察工作进行视察。代表们先后前往区、市、县三级 5 个检察院，认真听、留心看、仔细问，对宁夏检察的各项工作，特别是公诉工作进行视察监督。宁夏检察机关通过充分发挥公诉职能、着力打造服务型窗口、积极维护社会和谐稳定三个"窗口"呈现出的勇于创新、敢于担当的新风貌，得到了代表们由衷认可和赞许。

参加本次活动的全国人大代表有：广东省茂名市茂南三高罗非鱼良种场场长**李瑞伟**代表，上海市总工会副主席、上海日华服装有限公司工会主席**朱雪芹**代表，广东省梅县东山中学教师**李杏玲**代表，上海市东华大学经济发展与合作研究所所长**严诚忠**代表，广东省佛山纺织机械有限公司副总经理**袁桂彬**代表，广东省揭西县凤江镇凤北村村委会主任助理**王玲娜**代表，广东省茂名市智汇文化传播有限公司人力资源部主管**江源波**代表，上海总工会副主席、上海电气液压气动有限公司总工艺师**李斌**代表，广东省湛江市赤坎区环卫处考评股股长**陈小华**代表，上海大众汽车有限公司发动机厂维修科经理**徐小平**代表，广东省肇庆市怀集县连麦镇长岗村种养专业户**徐建贤**代表，上海市松江区原区委书记**盛亚飞**代表，广东省河源市连平县上坪镇三洞村山茶种植户**谢舒雯**代表，广东省清远市人民医院院长、党委书记**周海波**代表，广东省连山县壮瑶宝生态产业开发有限公司总经理**覃春辉**代表，广东省清远市进田企业有限公司董事长**赖坤洪**代表，广东省恩平市蓝海农业科技有限公司董事长**黄海燕**代表，上海市长宁区虹桥社区（街道）虹储居民区党总支书记、区老龄委主任**朱国萍**代表。

为民服务的窗口

8 月 23 日上午，代表们走进了银川市检察院控告申诉大厅。检务信息电子公开屏、案件信息自助查询机、预防职务犯罪宣传视频、药品急救箱等，这些贴心温暖的设置将秋雨带来的寒意一扫而光。

"这样完善的配置和服务只有银川市检察院有吗？"李瑞伟代表问。检察人员解释，2014 年以来，全区检察机关都按照"建设标准化、服务亲民化、公开常态化、管理规范化"的工作标准对窗口建设进行了改造升级，绝大部分检察院都建立了融合控告申诉举报、案件信息查询、检务信息公开、法律宣传等多项功能的"一站式"服务窗口，并通过细化服务制度、选派业务骨干和青年检察官共同接访、加大培训力度等方式，提升窗口服务的"软实力"。"这些都是实实在在看得见的便捷！"李瑞伟代表连连称赞。

代表们了解到，宁夏检察机关远程视频接访系统已实现四级联通，并充分运用于群众接访、询问当事人、上下级会商案情、讨论案件等，使工作便捷、高效。

最让代表们感叹的是，宁夏检察机关在提升窗口服务质量的同时，不断强化自身规范

宁夏检察机关在提升窗口服务质量的同时，不断强化规范司法，让参与视察的全国人大代表感叹不已，细微之处彰显出的司法规范得到代表一致肯定。

司法。控告申诉大厅安装了电子视频监控，对接访过程进行全程记录，整个办案区实行全程录音录像，不放过任何一个角落，案件管理办公室实时公布案件办理程序信息，对案件质量进行全程监管。细微之处彰显出的司法规范得到代表们一致肯定。

展示检察形象的窗口

8月24日，朱雪芹代表与其他代表一起观摩了第二届沪宁公诉人论坛，她坦言，"公诉人论坛让我看到宁夏的检察工作亮点多多"。

公诉工作是展示检察机关和检察人员形象的重要窗口。李杏玲代表对公诉工作有一定的了解。她表示，"常听说公检法三家要相互协作配合，我更关心检察机关在履行法律监督职能、严防冤假错案方面做了哪些工作"。

宁夏回族自治区检察院负责人介绍，宁夏检察机关一直坚持把关系民生、社会关注、群众反映强烈的司法不公问题作为重点，不断完善刑事诉讼监督机制。在最高检《2015年度各地区检察业务核心数据及分析》通报中，宁夏公诉案件审结率居全国第一位，纠正遗漏同案犯数同比上升幅度居全国第三位，法院采纳抗诉意见数同比上升幅度居全国第五位，

2015 年有 4 起案件被评为全国检察机关优秀刑事抗诉案件。

"宁夏检察机关的公诉工作既体现出了探索精神,也体现出了敢为人先的精神。"徐小平代表给出了这样的评价。

维护和谐稳定的窗口

代表们还走进吴忠市强制隔离戒毒所,了解吴忠市检察院参与吸毒人员管控专项行动的成效。

"戒毒所内的戒毒人员年龄最大的 68 岁,最小的 18 岁。"这一现状让朱雪芹代表颇有感触。她建议检察机关在打击犯罪的同时,也应面向青少年群体开展法律进校园等活动,加强法治宣传,树立司法威严,帮助他们树立正确的人生观、价值观,从源头预防犯罪。

在 25 日下午召开的反馈会上,代表们纷纷为宁夏检察工作点赞,并对检察机关立足检察职能,服务经济社会发展大局,营造和谐稳定的社会环境提出新期待。

来自上海市的严诚忠代表建议,宁夏检察机关应发挥独特的人文地理优势,将检察工作融入"一带一路"战略发展的要求中,打造宁夏检察工作特色,提升对外法律工作能力,为"一带一路"提供有力的司法保障,更好地服务经济社会发展大局。袁桂彬代表表示,宁夏检察机关结合司法体制改革,在保障依法履职、加强队伍建设等方面有新探索。

对于目前存在的编制紧缺、办案力量不足、案多人少的矛盾依然突出等问题,代表们表示将通过各种途径帮助呼吁、解决。

宁夏自治区检察院负责人表示,宁夏检察机关高度重视人大代表的意见和建议,将进一步加强代表联络工作,积极落实代表对检察机关服务经济发展、维护社会稳定、服务保障民生、促进司法公正等方面的新期待新要求,推动检察工作创新健康发展。

实现对涉农资金的常态监督

12 位云南团全国人大代表视察安徽检察工作

在该院案件信息指挥中心，代表们了解到，这个信息指挥中心可与安徽省财政农民补贴资金信息平台、桐城市财政信息平台实现实时共享

2016 年 9 月 19 日至 22 日，应最高人民检察院邀请，来自云南团的 12 位全国人大代表风尘仆仆地奔波于江淮之间，专题视察安徽民生检察工作。

在安徽省安庆市、池州市、合肥市等地及相关检察院，代表们进机关、访企业、下湿地、走沟渠，环境污染立案监督、涉农资金和重大环保生态建设项目职务犯罪预防、未成年人权益保护等诸多民生话题，都格外受到代表们的关注。

参加本次活动的全国人大代表有：云南省人大常委会原常务副主任、党组副书记**杨应楠**代表，云南省科学技术厅党组书记**李红民**代表，云南省丽江市宁蒗县计划生育服务站站长**胡阿罗**代表，云南省普洱市司法局政治部主任**李松泉**代表，云南文化产业投资控股集团有限责任公司总经理助理、工会副主席**杨劲松**代表，云南省玉溪师范学院古生物研究中心负责人**陈爱林**代表，云南贵研铂业股份有限公司高级工程师**赵坚**代表，云南省德宏傣族景颇族自治州统战部台办主任**杨艳**代表，云南省普洱市景东县交通运输局副局长**罗金玲**代表，云南省腾冲市艾思奇纪念馆馆长**寸茂鸿**代表，云南省墨江哈尼族自治县新安乡南汉村党总支书记**张贵忠**代表，公安部边防管理局原局长**武冬立**代表。

各种涉农补贴发放一目了然

9 月 19 日中午，代表们一下飞机，就驱车前往隶属于安庆市的桐城市检察院视察。白墙灰瓦，高脊飞檐，走进检务公开大厅，浓浓的徽风皖韵气息便扑面而来。该大厅今年 4 月建成投入使用，由检察服务区、控告申诉区和案件办理区组成。在检察服务区，公安部边防管理局局长武冬立代表仔细询问了服务区的各项功能，桐城市检察院负责人对此一一作答。

在该院案件信息指挥中心，代表们了解到，这个信息指挥中心可与安徽省财政农民补贴资金信息平台、桐城市财政信息平台实现实时共享。工作人员现场为代表们演示了涉农

全国人大代表深入信息查询窗了解窗口服务情况。

补贴信息查询流程，通过查询，每个村庄、每位农户所享受的补贴种类、数额等信息一目了然。"这个真好，各种补贴发放情况一目了然，检察院可以实时监督。"杨应楠代表称赞说。李红民代表曾在州县任职，她对涉农资金使用情况更是关切。"涉农资金不发案则已，一发案就是串案、窝案。检察院利用科技化、信息化手段实现对涉农资金的常态监督，有效防止了资金被截留、贪污，这种做法值得推广。"李红民说。

在安庆市检察院新建成的预防职务犯罪警示教育基地，以"悔""险""醒"为主题的三个展区给代表们留下深刻印象。"看了这样的警示教育，给人带来一次心灵的洗礼。"胡阿罗代表建言，每个地方都应有一处这样的警示教育基地，以便时常给党员干部敲敲警钟。李松泉代表对此表示赞同，"思想决定行动，只有思想上认清职务犯罪才能防腐拒变"。

治理环境污染必须依靠法治

9月21日，12位全国人大代表跨过长江，来到我国第一个国家生态经济示范区安徽省池州市，听取池州市检察机关开展环境污染立案监督工作汇报，并前往辖区内的东至县经济技术开发区（原香隅工业园），视察香隅工业园环境污染事件的后续整改情况。

"环境污染治理必须依靠法治，这其中检察机关的监督不可或缺。香隅工业园污染事件的查处，就充分证明了这一点。"陈爱林代表听取汇报后不禁感慨。

查处违法犯罪之后，环境修复情况怎么样？代表们决定到香隅工业园实地看一看。走近河沟、走进企业，代表们一路看，仔细问，对有关整改和综合整治工作感到满意。"看了香隅工业园的污染整治后，我觉得每家企业都要树立环境污染治理的主体意识。不杜绝污染，污染就会消灭企业。"赵坚代表很有感触。

在国际重要湿地升金湖国家级自然保护区，代表们考察了这里的环境保护情况，并详细询问了对越冬候鸟的保护问题，陈爱林代表特别对鸟类食物不足以及鸟类对农作物的破坏状况表达关切。杨应楠、杨劲松等代表在对当地检察机关积极参与自然保护区的保护工作表示赞赏的同时，针对保护区资金投入不足等问题提出意见，希望实现保护和发展并举。

跨省交叉视察引代表盛赞

9月22日，12位全国人大代表来到此次视察的最后一站——安徽省检察院。代表们考察了该院控申大厅、办案工作区、侦查指挥中心和院史陈列馆，随后省检察院负责人从公共安全、反腐倡廉等方面向代表们详细汇报了安徽省检察机关打造民生检察的做法，以及取得的实效。省检察院负责人表示，安徽省检察机关始终牢记司法为民宗旨，准确把握人民群众的司法需求，明确提出并积极践行"民生检察"工作思路，努力使各项检察工作更能反映人民愿望、维护人民权益、增进人民福祉。

"在当前经济新常态的局势下，安徽省检察院能够维护民营企业发展、服务国企改革、促进在皖侨资侨属企业健康发展，特别是提出注重改进司法方式方法，强调'三个慎重'，非常有必要，也很及时。"意见反馈会上，杨劲松代表说。

杨应楠代表充分肯定了最高检组织的这次跨省交叉视察，"这是更好地接受人大监督、确保检察权正确行使的需要，也是全面推进检务公开、对人民负责的重要举措。"杨应楠代表认为，此举不仅能够促进检察机关完善接受监督的途径和方法，而且充分体现了最高检对全国人大代表履职工作的尊重。

"最后，我代表大家再给最高检提个建议，希望把交叉视察这种创新做法继续推行下去，每年确定一个专题。当然也请放心，交叉视察我们不会留面子的！"杨应楠代表爽朗地说。

倾听草原上的检察足音

8位浙江团全国人大代表视察内蒙古检察工作

在呼和浩特市检察院为民服务中心，吕华荣代表轻点触摸屏，检察建设情况尽在眼前，她感叹，如今的检察机关不仅门不再难进，还主动为群众提供便利，真是想不到

2016年9月19日至24日，8位来自浙江代表团的全国人大代表，应最高人民检察院邀请，视察内蒙古检察工作。

从呼和浩特，到鄂尔多斯，再到呼伦贝尔，短短几天里，代表们穿沙漠、过草原、走林海，行程数千公里，实地视察检察机关职务犯罪查办和预防等工作，所到之处，建言检察发展，传递人民声音，言之殷殷，情之切切。

参加本次活动的全国人大代表有：浙江省湖州市公共交通有限责任公司公共自行车分公司副经理**王月英**代表，浙江乔顿服饰股份有限公司西服整烫工**吕华荣**代表，宁波维科家纺电子商务有限公司产品部员工**杨晓霞**代表，民建浙江省委会副主委、浙江省绍兴市人大常委会副主任**车晓端**代表，浙江省军区杭州第四干休所原政委**曲海燕**代表，浙江省温岭市蔬菜管理办公室主任**林燚**代表，浙江省杭州市公交六公司驾驶员**虞纯**代表，浙江省衢州市柯城区人大常委会副主任、柯城区畜牧兽医局局长**郑玉红**代表。

下好职务犯罪惩防这步棋

"查办和预防职务犯罪工作要融入经济社会发展的大局中去谋划和推进。"代表们视察第一天，内蒙古自治区检察院负责人如是说。随后的几天里，代表们从实地视察中，细细体会着其中的点点滴滴。

在呼伦贝尔市阿里河镇噶仙居民区，代表们实地查看了"十个全覆盖"工程建设，宜居的设计，精致的建筑让代表们感叹如入画里。为了确保这项造福全区农村牧区的工程真正"幸福全覆盖"，内蒙古检察机关开展了为期两年的打击破坏工程实施的各类犯罪专项行动。王月英代表表示，"十个全覆盖"工作建设喜人，离不开检察机关围绕中心，服务大局，司法为民。

在呼和浩特市检察院为民服务中心，吕华荣代表轻点触摸屏，检察建设情况尽在眼前，

她感叹，如今的检察机关不仅门不再难进，还主动为群众提供便利，真是想不到。

走进鄂尔多斯市检察院时，内蒙古义盟律师事务所律师靳华正在法律咨询室里"值班"，靳律师告诉代表，这是处理涉诉涉访案件一个小"药方"。代表们仔细询问靳律师"什么时间接受咨询？""群众来咨询的多吗？"得知这一做法很受群众认可，代表们伸出了大拇指。"内蒙古检察机关便民利民为民的做法，颠覆了我们心中硬邦邦的形象，使我们感受到了法律的温度。"杨晓霞代表如是说。

打造查办职务犯罪的最强引擎

车晓端代表在视察时一直都在用手机记录。她记录下内蒙古检察机关自党的十八大以来，立案侦查职务犯罪案件 2706 件 4640 人，通过办案为国家和集体挽回经济损失 18.31 亿元，也记录下内蒙古东西跨度直线距离 2400 公里，记录下呼伦贝尔侦查指挥中心副主任刘宏昌的介绍，"呼伦贝尔的面积是浙江省的 2.5 倍左右"。

地广人稀的内蒙古如何创造出了"内蒙古检察史上查办大案要案最多、查办高级别干部犯罪案件最多、涉案金额上千万过亿元案件最多这一黄金时期"，代表有疑惑，更有期待。

在呼和浩特市检察院职务犯罪办案基地，在鄂尔多斯市司法鉴定实验室，在呼伦贝尔市五位一体综合情报平台……代表们寻找着答案。情报信息平台、互联网侦查平台、远程指挥提讯平台……"互联网+"时代检察机关祭出一件又一件法宝，呼伦贝尔检察院检负责人直言不讳："科技为自侦工作安上了千里眼和顺风耳！"

曲海燕代表参观后，写下了大大的两个字："智慧"。她说，从"自侦"向"智侦"转变的内蒙古检察工作走在了全国前列，尤其是呼伦贝尔院提出的"5+1 智慧侦查模式"，应用高科技实现智能手段与案件侦查、精细化管理有机结合，值得在检察机关广泛推广。

代表们通过远程提讯系统观看了百里外看守所的提审，也通过远程视频会议系统与千里外的派驻检察室人员对话，清晰的画面与声音让代表们感叹"如在现场"。林燚代表表示："信息化为内蒙古检察机关办案插上了翅膀，现代化让数据为群众跑腿，这都说明检察机关加大信息化、科技化办公办案的必要性，今后检察机关还应加大信息化现代化建设力度。"

拉起严格规范司法的高压线

"办案的每一个环节如果出现问题，都会导致冤假错案的产生！"内蒙古检察院负责人向代表们坦承。近年来，内蒙古检察机关在职务犯罪工作各个环节都设置制度隔离墙，真正把侦查权关入制度的笼子。郑玉红代表说，内蒙古检察机关注重规范司法机制建设，不断强化自身监督，打造了一支能战善战的队伍。

9月19日至24日,8位来自浙江代表团的全国人大代表,应最高人民检察院邀请,视察内蒙古检察工作。

"司法公开是最好的防腐剂。"郑玉红代表的目光不时被检察机关的检务公开工作吸引。在满洲里市检务公开大厅,代表们在律师阅卷室遇到了正在阅卷的吴律师,吴律师告诉代表,检察机关的大门向律师敞开,为律师阅卷提供了很大便利,维护了律师的合法权利。

郑玉红代表表示,内蒙古检察机关勇于公开,善于公开,希望今后继续加大检务公开力度,让群众更加了解检察工作,支持检察工作。

虞纯代表说,派驻检察人员为维护法律公正驻守在一线,条件恶劣,生活不便,一定要更加关爱这些检察人员,努力为他们提供上升空间。车晓端代表也表示,要稳妥推进司法体制改革,促进队伍专业化、职业化,关心关爱检察人员,促进队伍和谐发展。

从浙江到内蒙古,代表们一路奔波、参观、座谈,始终在路上,他们用"不虚此行"概括了此次内蒙古检察之行。

带着问题走访 带回经验分享

18 位河南团全国人大代表视察福建检察工作

徐晓代表感慨万千：2015 年 3 月，写在最高人民检察院工作报告中的"补植复绿"机制，自己今天所在之处，就是当时故事发生的地方

2016 年 9 月 20 日至 22 日，在秋风送爽、天高云淡的美好时节，处于"21 世纪海上丝绸之路核心区"的福建，迎来了 18 位河南团的全国人大代表。他们应最高人民检察院邀请赴闽，对检察机关融入"一带一路"战略、服务新福建建设进行专题视察。

3 天时间，代表们从福建省会福州启程一路南下，先后视察省检察院和漳州、厦门两地检察工作。他们一路走、一路问、一路记，把所见所闻、所感所盼，在路上说、在现场议、在会上谈，还用诗作、歌声和绘画点赞检察，抒发情感，寄予期望。

参加本次活动的全国人大代表有：邓州市中医院院长**唐祖宣**代表、通许县刘庄村卫生所所长**马文芳**代表，河南省驻马店市农科院粮食作物研究所所长**任秀荣**代表，河南省商丘市梁园区中州街道办事处解放村党支部书记**乔彬**代表，河南省信阳文新茶叶有限公司董事长**刘文新**代表，河南省上蔡县朱里镇拐子杨村党支书、深圳全顺人力资源开发有限公司董事长**张全收**代表，河南科技大学教授**雷雪芹**代表，河南省海龙集团董事长**徐晓**代表，河南省石油和化工协会会长**樊建军**代表，河南理工大学音乐学院副院长**游吟歌**代表，河南亿星实业集团董事长**李士强**代表，河南安阳钢铁公司技术中心首席专家**徐筱芗**代表，伊川电力集团有限公司名誉董事长**戴松灵**代表，河南三门峡职业技术学院副院长**李勤**代表，河南省人大常委会选工委主任**杨盛道**代表，河南省社科联副主席**郑永扣**代表，河南省洛阳市博物馆馆长**王绣**代表，河南省洛阳市伊川县南府店社区党委书记**张龙安**代表。

一篇诗作道心声：为检察担当点个赞

丝绸之路，是经贸之路，也是一条法治之路。"一带一路"建设，需要司法保障。置身于"核心区"，福建省检察机关有怎样的作为和担当？走进"核心区"，代表们带着心中的问卷，一路追寻答案。

"这是追捕追诉的图表，这是'天网行动'规劝'百名红通'疑犯唐某回国投案的情景，

全国人大代表在福建省检察院参观"融入'一带一路'建设服务新福建建设"展板。

这是纠正冤错案的例子，这是生态修复前后变化对比……"9月20日上午，在福建省检察院的主题宣传展板、检察展览厅里和视频短片中，一幅幅生动的照片、一个个精彩的故事、一组组翔实的数据，记录着全省检察机关服务"一带一路"大局和新福建建设的举措与成果。代表们静心观看，从中感悟"一带一路"联检察，一举一动看履职。

在漳州市南靖县书洋镇巡回检察工作室，代表们从档案中看到，干警送法到群众家门口，化解纠纷不出村镇，及时查处坑农害农案件。当了解到巡回检察已成为全省基层院检力下沉的普遍做法时，刘文新、张全收等代表一致叫好："巡回检察接地气，护民利，合民意。"陪同视察的省检察院负责人解释说："法律监督触角向基层向农村延伸，为'一带一路'建设提供安定社会环境，是检察职责所在、使命所系。"

从省检察院机关到乡村，行程刚过半，雷雪芹代表就视察感悟在路上赋诗一首："代表视察福之州，检察上下为民忧，铁腕反腐讲党性，绿色修复济刚柔……"诗作发在代表群里引起共鸣：这是代表们的共同心声。

一首歌曲抒情怀：生态检察利在千秋

9月21日，代表们沿着盘山公路，乘车近两个小时，来到南靖县书洋镇下坂村一处山坡。站在坡顶上，一眼望去，绵延群山树竹成海，微风吹来绿波荡漾。代表们不知道，他们面前漫山遍绿、层林尽染的几个小山头，多年前被大火烧光，涉案当事人补植复绿后，如今荒山重披绿装。

"补植复绿"？听到讲解员说出"补植复绿"一词，一下子打开了代表们记忆的闸门。徐晓代表感慨万千：2015 年 3 月，写在最高人民检察院工作报告中的"补植复绿"机制，自己今天所在之处，就是当时故事发生的地方。

原来，下板村农民郑金榜在田间用火不慎引起火烧山。他有智障的妻子和女儿，按照以往的做法，人被判刑坐牢，结果是，荒山依旧在，家中雪上霜。"补植复绿"机制改变了这种状况，郑金榜被判缓刑后，对树木进行了管护，以修复生态取得从宽处罚。

"在现场，我听到了失火案背后温暖人心的故事，在视频里，看到了检察干警对家乡一草一木的呵护，看到了示范区人与自然的和谐共处的画卷。"车子在青山绿水间行进，游吟歌代表情不自禁地唱起了《我和我的祖国》："我歌唱每一座高山，我歌唱每一条河……我把歌声献给守护八闽秀美山川的检察人。"

一幅绘画寄期望：让检察事业更美好

东南国际航运中心总部大厦是"一带一路"建设重点项目。"投资 73 亿元，如此庞大的工程，如何确保资金安全运作？做到工程优质、干部优秀？"9 月 22 日上午，代表们走进位于厦门海沧保税港区的总部大厦探究个中奥秘。

当日下午，代表们来到福建之行的最后一站——厦门市思明区检察院视察。展现在代表面前的一楼检务综合服务大厅，集成了该院所有对外办案、办事的服务功能，通过网上网下实行"一站式"服务和"一次性"办结。

工作人员介绍：行贿犯罪档案查询，到场两分钟即可取件；早在 2008 年就尝试案件信息公开查询；远程视频接访、视频异地帮教，远程指挥审讯等信息化的运用，大大提升了工作质效。"检察多走信息网路，群众就少走马路。"李勤等代表向记者讲述了一路上的所见所感，为该院高效优质的文明服务和科技强检领跑全国啧啧赞叹。

3 天时间，代表们进机关、上高山、下乡村、访企业，连日奔波，行程千里，用心感悟"一带一路"建设中的检察故事。在视察结束的反馈会上，更以真知灼见为检察鼓劲、建言献策。

"大局意识自上而下有担当；干事创业精气神十足有拼劲。"这是杨盛道代表总结视察之行时最深的印象。郑永扣、王绣等代表踊跃发言："建议公检法与职能部门联手，形成打击电信犯罪合力；打击学术领域腐败，还学术殿堂一片净土；加大历史文化名城和历史古迹保护力度；发挥英模引领示范作用，让更多先进典型涌现出来。"

李士强代表把视察的体会和感受写了满满的六页纸，提出了设立金融检察工作专业机构、有效遏制新型金融犯罪等多项建议。代表们表示，福建之行，收获满满，要把可复制的福建经验带回河南，带到所在行业，带到明年全国"两会"上，分享福建检察机关在服务国家战略中创造出的成果。

"检察机关真是把法律服务做到家了"

9 位山西团全国人大代表视察湖北检察工作

湖北检察机关近年来在改革中把注意力始终放在解决影响司法公正和制约司法效率、能力的深层次问题上，以改革创新的精神破解各项难题，推动检察工作健康发展

山西团全国人大代表视察湖北未检工作。

北风拂面，为江城武汉送来了秋的味道。2016 年 9 月 25 日至 29 日，应最高人民检察院邀请，来自山西团的 9 位全国人大代表齐聚湖北，视察检察工作。5 天的时间里，代表们风尘仆仆，行程近 600 公里，先后来到省、市、区县三级 5 个检察院进行走访、座谈，足迹遍及武汉、红安、黄冈、鄂州等地。他们察民意、听心声、论检察，每到一地，都留下对检

察工作的殷殷之情和真知灼见。

参加本次活动的全国人大代表有：山西省农科院农业资源与经济研究所研究员**姚建民**代表，山西省昔阳县大寨村党总支书记**郭凤莲**代表，山西省原平市子干乡子干村党支部书记**栗翠田**代表，临汾市第四人民医院院长**贾爱芹**代表，太原重型机械集团公司技术中心起重所高级工程师**阎少泉**代表，山西焦煤集团西山煤电公司杜儿坪矿三采区掘进一队副队长**董林**代表，中北大学副校长**熊继军**代表，山西医科大学第二医院血液科主任**杨林花**代表，山西新华环保有限责任公司党务部部长**沈建军**代表。

服务民生办法多

此次视察团的代表们大多来自基层一线，因此最关心的也是检察机关如何充分发挥检察职能，服务改革保障民生。

"检察机关真是把法律服务做到家了！"在位于鄂州市葛店经济技术开发区的非公企业唯品会华中运营中心视察过程中，在得知当地检察机关在企业创办过程中充分发挥批捕、起诉等职能，严肃查办危害该企业的刑事犯罪并取得良好效果后，郭凤莲代表十分高兴，她认为这是给当地的非公经济吃了一颗"定心丸"，打了一针"强心剂"，"希望检察机关注重查办的同时，更加重视非公企业的预防职务犯罪工作，筑牢非公经济的清廉防线"。

持此观点的还有栗翠田代表，在武汉市汉阳区检察院，他对该院设立检察巡回服务车，走村入户为群众提供法律服务特别感兴趣，他特意拿了很多宣传资料，"我回去要详细了解，我是一名来自最基层的农民代表，希望检察机关在继续做好各项工作的同时，能更好地服务和关注农村发展，将更多检力投入基层，加大普法力度，积极做好农村干部的犯罪惩治和预防工作"。

科技强检步伐大

黄冈市检察院近年来加快科技强检的步伐，先后建成侦查指挥平台、"两法衔接"信息平台、电子证据实验室等，配备了侦查指挥车、便携式同步录音录像机等侦查取证设备，极大地提升了司法办案科技化、信息化水平。

代表们视察了该院案件管理中心以及侦查信息平台，贾爱芹代表不时拿出手机拍照，她对检察院运用现代化的管理理念，推进科技强检战略以提高履职能力的做法非常关注，"对一些理念的东西我很关心，因为回去加以借鉴，也可以提高我们医院的管理水平"。贾爱芹告诉记者，科技强检的关键在于应用，抓住了科技应用，就抓住了科技强检工作的"牛鼻子"，希望检察机关在今后的工作中继续加强重视和管理，推动科技强检工作更上台阶。

湖北省检察院近几年充分借鉴"O2O"模式，构建五位一体的"鄂检网阵"，进一步

全国人大代表视察武汉市汉阳区检察院检察服务大厅。

拓展检务公开渠道方式的做法受到代表们充分肯定。

阎少泉代表告诉记者："移动互联网时代，湖北检察机关提出了运用互联网做好'指尖上的群众工作'，这个思路非常好。建议检察机关进一步加大运用信息化科技手段开展普法宣传和服务群众的力度，让更多的老百姓了解检察机关的工作职能。"

董林代表是一名"80后"，他平时对信息化建设方面关注较多，"湖北检察机关能够把互联网思维融入检察工作中，运用大数据手段促进侦查信息平台建设，我参观后感触很深，信息化事关广大人民群众工作生活，在此时代背景下，检察机关能否顺势而为，事关法律监督工作成效"。

司法体制改革走在前

从省会武汉，到"革命圣地"红安，从"鱼米之乡"鄂州，到"九省通衢"的汉阳，代表们关注较多，讨论也较为热烈的另两个热词是"改革"和"规范化"。

湖北检察机关近年来在改革中把注意力始终放在解决影响司法公正和制约司法效率、

能力的深层次问题上，以改革创新的精神破解各项难题，推动检察工作健康发展。熊继军代表表示，改革是为了更加规范、高效。通过视察，印象最深的是湖北检察机关各项工作都比较规范，尤其是在规范司法行为方面下了大气力。

同样以改革促规范，代表们视察了武汉市汉阳区检察院后也是连连称道："汉阳区院的一站式检察服务大厅、办案工作区、未成年人刑事检察工作室等地都让人过目不忘。改革步伐快，干警素质高，我感到湖北检察机关在司法规范化建设方面迈出了坚实步伐。"沈建军代表告诉记者。

"我要为汉阳区院坚持文化育检，推动检察工作持续快速健康发展以及有条不紊推进检察改革，为检察工作不断增添内驱力的做法点赞。"杨林花代表向记者表示。

"建议湖北检察机关进一步加大对侵犯知识产权犯罪的打击力度"，"建议重视对年轻干警的培养任用"，"建议充分利用湖北科教优势，加强同在鄂高校法学院的联系，将检校合作推向深层次"……在代表意见建议反馈会上，9位全国人大代表在检察工作的各个方面都留下了自己的宝贵见解。

检察为民有担当 边疆百姓"样样好"

14 位全国人大代表视察云南检察工作

说到预防冤假错案问题，谢晓波代表希望检察机关依法强化诉讼监督，严守法律底线，避免冤假错案，创新工作方法，做到"魔高一尺，道高一丈"

2016 年 10 月 9 日至 14 日，在美丽的金秋时节，春城昆明迎来了 13 位解放军团的全国人大代表和 1 位四川团的全国人大代表。他们应最高人民检察院邀请赴滇对云南省检察工作进行视察。

"此次视察活动的目的是让代表们对检察机关服务大局、服务经济发展建设工作情况进行实地考察，尤其是对移交后铁检机关深化军地融合、服务边疆发展建设工作情况进行更多了解。"全程陪同代表视察的最高检铁路运输检察厅厅长徐向春对记者说。

参加本次活动的全国人大代表有：总参谋部第三部原政治委员李爱平代表，中国人民解放军 77646 部队司令部军务股股长罗府臣代表，军事交通学院汽车指挥系模拟训练中心工程师王娜代表，兰州军区原副参谋长王振国代表，贵州省兴义军分区参谋长谢晓波代表，成都军区联勤部原部长张烨代表，中国人民解放军第 261 医院精神病三科总护士长蔡红霞代表，中国人民解放军 66019 部队 76 分队政治指导员王方代表，中国人民解放军 77675 部队副部队长江勇西绕代表，吉林省军区指挥自动化工作站高级工程师尚雅琴代表，浙江省军区杭州第四离职干部休养所政委曲海燕代表，四川省甘洛县饮食服务公司董事长潘成英代表，中国人民解放军三军仪仗队副政委兼执行队长李强代表，中国人民解放军 78666 部队四室工程师陈雪礼代表。

服务发展大局，云南检察有担当

10 日上午，代表们来到昆明铁检分院，视察了办案区，听取了云南省检察院和昆明铁检分院的工作汇报。云南检察工作的各个方面一一展现，接受代表们的审视和监督。

"能够贯彻最高检的一系列要求，克服困难，向前推进，在全国 30 多个省市排在前列，特别是昆明铁检分院的检察工作走在了全国的前列，检察信息化建设等一系列工作做得很细很认真，取得这样的成绩相当不容易。"李爱平代表说。

10月12日，代表们视察瑞丽江大桥施工现场。

　　来自西藏的罗府臣代表、王娜代表也表示，通过参观视察活动，直观地了解到云南这个边境大省的一些检察工作情况，值得尊敬和学习。

　　审视着这些数据，王振国代表说："云南检察工作在发展经济服务大局方面，检察机关发挥了重要作用，充分履行法律监督职能，这几年来，以往的冤案、错案得到纠正。依法办理各类刑事案件，依法进行诉讼监督，依法打击职务犯罪，惩治腐败，打击贪污贿赂犯罪工作取得很大成绩。"

　　说到预防冤假错案问题，谢晓波代表希望检察机关依法强化诉讼监督，严守法律底线，避免冤假错案，创新工作方法，做到"魔高一尺，道高一丈"。

"铁门槛"守候边疆吉祥

　　"这次视察真的是开眼界。"张烨代表是第一次到检察机关视察，在视察昆明铁检分院办案区时，张烨代表指着昆明铁检办公用房，关切地问身边的陪同人员："你们的办公用房是什么时候建的？"

　　"这些办公用房都是随铁检机关大移交的时候一并移交过来的，都很陈旧。"听了检察人员介绍后，张烨代表说，"虽然办案区设施简陋，但是工作层次分明，办案程序十分规范"。

　　"铁路经济是我们整个社会的关注点，火车运行牵动着成千上万旅客的安危，所以对铁路安全工作的保障至关重要。昆明地处边境，是进入我国内地的重要通道，铁路运输检察院责任重大。"蔡红霞代表说。

　　10日下午，代表们前往被毒贩们称为春城"铁门槛"的昆明火车站视察反恐维稳安全防范工作。代表们边听边看，对公安、检察、武警、民兵组建的"联勤联动"机制进行了详细了解，并登上指挥车，查看火车站监控系统工作情况。

　　"不要忽视群众的力量，要把群众组织起来，形成群联群防机制。"张烨代表说。王方代表也主张发动人民群众，开展人民战争打击走私犯罪。随后，代表们来到武警官兵驻地了解训练及生活情况，勉励武警官兵刻苦训练，维护边疆稳定，保卫国家主权、百姓安宁。

改革大刀阔斧有亮点有特点

　　10月11日上午，代表们来到昆明市西山区检察院听取该院工作汇报，通过观看西山区检察院自行拍摄的短片，了解了检察改革中该院每一位检察人员对于改革的态度及所面临的考验和选择。

10月10日，代表们前往被毒贩们称为春城"铁门槛"的昆明火车站视察反恐维稳安全防范工作。

随着司法改革的不断推进，"员额制""司法责任制"是检察改革中的高频词，也是改革中的"硬骨头"。西山区检察院负责人向代表介绍了改革试点工作近况。

尚雅琴代表感慨地说："员额制改革后，入额的检察官工作任务重，谁办案谁负责，检察官责任重大，工作激情不减，成效卓著，体现了基层检察官对检察事业的热爱，对事业的责任担当。"

10月12日上午，代表们冒雨视察了瑞丽江大桥施工现场。听了昆明铁检分院检察长孙甸鹤关于检企共建相关情况介绍后，曲海燕代表说，在大瑞铁路建设项目中，预防职务犯罪工作关口前移，昆明铁检分院在确保铁路大动脉畅通、维护铁路社会治安秩序等方面发挥了重要作用。尚雅琴代表也表示："大瑞铁路桥建设项目创建了检企合作、军民共建模式，是成熟的是成功的，值得我们推荐和推广。"

"检企共建，从源头上预防和治理腐败，保证和促进项目的规范管理、顺利进行，昆明铁检分院发挥了重要作用。"潘成英代表说。

10月14日下午，代表们前往腾冲市检察院视察，听取保山市检察院负责人汇报工作情况。代表们畅谈了此次视察活动的感受，并对云南检察工作留下宝贵意见建议。"视察活动是一次学习之旅，收获之旅，感动之旅。"尚雅琴代表说出了大家共同的感受。

"再见，祝大家吉祥如意，样样好！"分别之际，代表们用云南话互相祝福。

着力保障民生 营造法治环境

16 位海南、天津团全国人大代表视察天津检察工作

邓泽永代表表示，天津检察机关的工作体现了契合整个形势发展的实际，适应经济新常态，适应司法改革的要求，天津检察机关工作成绩显著

2016 年 10 月 10 日至 14 日，最高检邀请海南团和天津团的 16 位全国人大代表视察天津检察工作，代表们先后来到天津市检察院及和平区、河北区、河西区和滨海新区检察院视察，天津的各项检察工作给代表们留下了深刻印象。

参加本次活动的全国人大代表有：武装警察部队海南省总队政委**戴金益**代表，海南省儋州市政协主席**邓泽永**代表，中国音乐家协会副主席、国家一级演员、女中音歌唱家**关牧村**代表，天津市规划局副局长、滨海新区规划和国土资源管理局局长**霍兵**代表，海南大学校长**李建保**代表，中国人民银行参事**林铁钢**代表，天津易商通电子商务有限公司经理助理**毛雁俊**代表，天津市北辰区天穆镇天穆村党委书记**穆祥友**代表，天津中华职业教育社社务委员会主任委员**欧成中**代表，天津广播器材有限公司军品事业部原副段长**万文雅**代表，天津市滨海新区塘沽新港市容环境卫生管理中心一线扫道班班长**薛海英**代表，天津天士力控股集团有限公司董事局主席**闫希军**代表，海南省万宁市侨联常委、万宁市兴隆华侨旅游经济区外事侨务与外联办干部**余永华**代表，天津市水利科学研究院总工程师、天津市水务局副总工程师**周潮洪**代表，海南省五届人大常委会委员**周公卒**代表，南开大学化学学院院长、中科院院士**周其林**代表。

工作思路不断创新、日臻完善

"天津现设三级检察机关，23 个检察院，包括市院，第一、二分院，滨海新区院及其下辖的塘沽、汉沽、大港 3 个派出院，15 个区院以及天津铁路运输检察院，全市现有检察人员 3102 人……"天津市检察院负责人向代表们汇报了该市检察机关和检察工作的主要情况。负责人介绍，近年来，天津检察机关不断探索符合法治建设规律和检察工作规律的发展思路，实现了检察工作发展思路的体系化。

在天津市和平区检察院，听到检察工作人员介绍起诉书要向社会进行公开等相关司

10月10日至14日，最高检邀请海南团和天津团的16位全国人大代表视察天津检察工作。

法公开工作时，李建保代表说道："和平区检察院工作扎实，做得很好。"

提到文物保护，得知和平区检察院预防部门和文物改造整理公司一起签署了实施意见，并做了大量的工作，李建保代表表示十分欣慰。

"天津检察机关现代化、规范化、信息化水平很高，我感到天津检察工作很好、很扎实、很有特色。"在视察的过程中，戴金益代表说道。

职能作用积极拓展、充分发挥

此次视察团的代表大多来自基层一线，最关心的也是检察机关如何充分发挥检察职能，服务改革保障民生。

据介绍，多年来，天津检察机关着力保障民生民利、保护生态环境、服务创新发展，营造了良好法治环境。强化打击犯罪，依法惩治黑恶势力、多发性侵财等刑事犯罪，严厉打击电信诈骗、制售假冒伪劣食品药品等群众反映强烈的犯罪，五年来共批准逮捕44457人、提起公诉74078人。特别是，今年依法办理了周世锋、翟岩民等人涉嫌颠覆国家政权案，有力震慑了犯罪分子，实现了法律效果、政治效果和社会效果的有机统一。

代表最关心的是检察机关如何充分发挥检察职能, 服务改革保障民生。

在惩防腐败工作中, 该市检察机关共立案侦查各类职务犯罪 1523 件 2181 人, 要案 223 人, 为国家挽回经济损失 8.7 亿元。依法对周永康、令计划及李东生、冀文林等重大案件提起公诉, 对盖如垠、丰立祥、马白玉等 37 名厅局级以上干部立案侦查, 依法办理 "8·12" 系列专案, 彰显了反腐败的决心和力度。强化诉讼监督, 稳步开展立案监督、侦查活动监督、刑事审判监督, 集中开展久押不决案件专项清理、"减假暂"、脱管漏管专项检察等活动。强化矛盾化解, 深化检察长接访、带案下访巡访、社区检察室等工作, 依法妥善办理群众来信来访 37149 件次, 连续 9 年保持涉检进京非正常上访为零。

周公卒代表表示, 通过这次视察, 进一步加深了对各方面检察工作的理解和认识, 对自己以后履职也有很大帮助。

穆祥友代表说道:"这次视察意义非常深远,天津市检察机关特别重视人大代表的意见,凡是人大代表提出的意见, 都是认真地答复和落实。通过人大代表把收集到的相关意见反映到检察院, 代表再把了解到的检察院的工作反馈给老百姓, 这个过程有效增加了代表和老百姓对检察工作的了解。"

改革工作稳步推进、日见成效

近年来，天津检察机关始终坚持目标导向和问题导向相统一，狠抓改革任务落实，破解了一批体制性机制性难题。"天津整合成立职务犯罪侦查局，建立大要案信息发布制度，强化侦查信息化和装备建设，侦防一体化水平显著提升。"

"完善自身监督制约机制，每年向市人大常委会报告专项工作，向市政协通报工作情况，注重发挥人民监督员、特约检察员、专家咨询委员作用，制定保障律师执业权利的实施意见，深入开展规范司法行为专项整治活动。"

听取了这些改革措施，邓泽永代表表示，天津检察机关的工作体现了契合整个形势发展的实际，适应经济新常态，适应司法改革的要求，天津检察机关工作成绩显著。

天津检察机关有关部门负责人表示，邀请人大代表视察检察工作，是天津检察机关自觉接受监督的一项重要活动。下一步，天津检察机关将进一步找准服务保障创新发展、协调发展、绿色发展、开放发展、共享发展的切入点和着力点，立足检察职能，创新服务举措，主动担当作为，为建设美丽天津作出新的更大贡献。

给检察工作添上科技之翼

10 位贵州团全国人大代表视察广东检察工作

"为非公企业提供'一站式'便捷服务的举措好，节约了企业的成本和时间。"谢泉代表对深圳市检察院充分利用行贿犯罪查询系统，为企业提供集中查询和一站式服务的做法给予充分赞赏

10 月 18 日至 21 日，应最高人民检察院邀请，10 位来自贵州团的全国人大代表到广东视察检察工作。

2016 年 10 月 18 日至 21 日，应最高人民检察院邀请，10 位来自贵州团的全国人大代表到广东视察检察工作。本次视察的主题是"知识产权司法保护、依法服务保障非公经济健康发展、公益诉讼试点工作"。

3 天时间，代表们先后走进省市区三级检察机关，走访腾讯、华为等多个高新科技企业，通过深入走访调研，代表们对广东检察机关的创新务实精神纷纷点赞，并留下一条条宝贵的意见建议。

参加本次活动的全国人大代表有：贵州省毕节市彝文文献翻译研究中心主任**王继超**代表，贵州省人大常委会委员、省人大民族宗教委员会主任委员**杨贵新**代表，贵州华电塘寨（清镇）发电有限公司党委委员、纪委书记**杨洪波**代表，贵州省六盘水市实验小学教师**吴明兰**代表，瓮福集团有限责任公司总经理助理、投资发展部经理**金钢**代表，贵州省文联副主席、安顺市文联主席**姚晓英**代表，农工党贵州省委专职副主委、贵州省政协副秘书长**黄惠玲**代表，民进贵州省委副主委、贵州大学大数据与信息工程学院院长**谢泉**代表，民革贵州省委副主委、贵州省药品审评认证中心主任**鲍家科**代表，贵州省织金县蔡群苗族蜡染刺绣有限公司法人代表**蔡群**代表。

保障非公经济"细"而"实"

"深圳华为、腾讯、大族激光等民营企业能够有今天的发展，离不开检察机关有力的司法保障。"黄惠玲代表说，广东检察机关在服务保障非公经济发展方面措施不仅"细"，而且"实"，切实贯彻落实了中央和最高检的精神。

广东检察机关充分依法保障民营经济健康发展首先从机制建设抓起，省检察院和深圳、佛山等地检察机关制定完善了《服务保障非公有制经济健康发展》《依法服务保障民营经济健康发展的若干措施责任清单》等制度文件；全省检察机关依法履行批捕、起诉、诉讼监督等职能，注重惩治危害非公有制经济健康发展的职务犯罪，为非公有制经济健康发展营造良好法治环境；着力改进办案方式，在严格依法办案的同时，慎重采取拘留、逮捕等人身强制措施，慎重查封、扣押、冻结涉案企业财产，彰显检察人员人性化办案。

"为非公企业提供'一站式'便捷服务的举措好，节约了企业的成本和时间。"谢泉代表对深圳市检察院充分利用行贿犯罪查询系统，为企业提供集中查询和一站式服务的做法给予充分赞赏。在广东省检察机关，通过和工商联、行业管理部门、行政执法部门建立健全联席会议、定期通报制度，拓展服务保障非公企业"绿色通道"，建立完善防范商业贿赂长效机制等一系列有力举措，为非公企业提供优质法律服务。

鲍家科代表由衷地感慨："在考察中，我和企业人员交流时发现，检察机关在服务保障非公企业发展和保护知识产权，促进科技创新方面想了很多办法，有很多亮点，取得了许多看得见的成绩。"

守护好共同的生态家园

"在广州市中心竟然还有这么大一块湿地,生态环境保护得这么好,真是不容易。这里面有检察机关的一份功劳。"在考察广州市海珠湿地时,代表们纷纷感叹。

广东是全国人大常委会立法授权的首批检察机关提起公益诉讼试点省份之一,2015年7月,经最高检同意,全省确立了6个市级、51个县级检察院开展提起公益诉讼试点。试点工作开展以来,全省检察机关在履行职责中共发现公益案件线索436件,办理公益诉讼诉前程序案件117件,省院提请最高检审批拟起诉案件8件,向法院提起公益诉讼7件,报批案件数和起诉案件数均为全国第一。

姚晓英代表实地考察时欣喜地表示:"我不是第一次来广州了,很高兴看到珠江的水质比过去好了很多,检察机关功不可没。"

黄惠玲代表建议:"贵州和广东分处珠江上下游,应该建立跨省公益诉讼联动机制,

3天时间,代表们先后走进省市区三级检察机关,走访腾讯、华为等多个高新科技企业。

保护好我们共同的生态家园。"

姚晓英代表建议让更多社会组织和人民群众参与到公益诉讼中来,共同加强生态环境保护。

科技强检,保障创新

"互联网＋检察有效节约了司法资源和社会成本,提高了司法办案效率,是检察工作发展的必然趋势。"吴明兰代表在视察广州市海珠区检察院科技强检工作时说。

海珠区检察院是全国率先全面实现电子阅卷的基层检察院之一,"海珠检察院在科技强检,尤其是大数据系统建设方面做得很好,希望形成检察机关硬件建设标准,在全省、全国推广。"鲍家科代表说。

同样,深圳检察机关科技强检工作也得到了代表们的肯定。得知检察机关案件管理系统最早发源于深圳,目前已被推广到全国;侦查活动监督平台同样最早由深圳检察机关建立,目前已经在全省铺开并在全国 7 个省份推广,代表们对广东检察机关依托科技强检的创新精神竖起了大拇指。

杨贵新代表表示,"广东检察机关不仅在保障科技创新方面做得好,自身科技强检方面也走在全国前列,积累了丰富的经验"。

王继超代表说,"广东检察机关在阳光检务、案件管理、科技强检、知识产权保护、司法体制改革方面创造了经验,有很多亮点,令人钦佩",他建议把公益诉讼的工作经验进行深入总结和推广。

黄惠玲代表建议检察机关更多关注中小企业发展,同时强化检察机关大数据建设。

广东省检察院负责人代表广东省检察机关,向代表们提出的意见建议表示感谢。负责人表示,广东检察机关将不断创新与代表联络的形式,建立健全与代表之间"零距离""点对点"交流平台,仔细对照代表的建议、批评和意见,深入查找和解决检察工作中的突出问题,不断满足人民群众司法需求,提升人民群众对司法工作的满意度。

守好司法公平最后一道防线

14 位山东、贵州团全国人大代表视察贵州检察工作

代表们现场观摩了社区矫正管理平台演示并大加赞赏，认为利用科技手段对社区矫正进行管理监督大大提升了管理能力

　　2016 年 10 月 23 日至 28 日，应最高人民检察院邀请，11 位山东团全国人大代表和 3 位贵州团全国人大代表对贵州检察工作进行视察。此次视察的主要内容为贵州刑事执行检察工作贯彻落实"四个维护"尤其是维护刑事执行公平公正、维护刑事被执行人合法权益工作情况。

　　在贵州省贵阳市、遵义市、安顺市等地，代表们前往检察院、监狱、监狱检察室、看守所、社区矫正中心及派驻检察室，深入了解贵州刑事执行检察工作的具体情况。

　　参加本次活动的全国人大代表有：山东省新泰市青云街道第三初级中学教师**李香玲**代表，中国石化集团公司原董事、总经理助理**李安喜**代表，山东省泰安市文化产业中等专业学校副校长**宋文新**代表，成都铁路局凯里工务段凯里线路车间机械化工区工长**邰顺军**代表，贵州省沿河县黑水乡新群村村民**张国英**代表，中国黄金协会副会长、山东黄金集团顾问**穆范敏**代表，全国人大外事委员会委员、中国远洋运输（集团）总公司董事长、党组书记**马泽华**代表，贵州省文联副主席、安顺市文联主席**姚晓英**代表，山东省梁山县梁山街道土囤村党支部书记、山东梁山华宇集团董事长**胡桂花**代表，山东省枣庄市立医院副院长、民建枣庄市委副主委**王凌**代表，山东省新泰市新汶街道办事处孙村社区党委书记、主任**牛宝伟**代表，山东省省委委员、省人大常委会委员、省人大法制委员会副主任委员**吕明辰**代表，山东省曹县诚辉皮毛经贸有限公司业务经理、车间主任**沙元菊**代表，山东省济宁市人大常委会副主任、市工商联主席**陈颖**代表。

虽然在高墙之内，合法权益仍然得到保护

　　10 月 24 日，代表们来到贵州省羊艾监狱、贵阳市筑城地区检察院派驻羊艾监狱检察室，对服刑人员食堂、监舍、劳动改造现场、心理矫治中心等场所进行了实地视察，并听取了贵州省监狱管理局工作情况汇报和筑城地区检察院关于派驻检察工作的情况汇报。

10月23日至28日，应最高人民检察院邀请，11位山东团全国人大代表和3位贵州团全国人大代表对贵州检察工作进行视察。

　　李香玲代表在视察以后说："第一次到监狱视察，我看见了法律宣传栏和检察官信箱，畅通了在押人员控告申诉的渠道，也看到了服刑人员生活的情况，给我的感受就是虽然服刑人员生活在高墙之内，他们的合法权益是得到保护的，让他们感受到了司法的人文关怀。"

　　在驻羊艾监狱检察室，代表们认真询问了驻监检察官的工作内容、工作流程、各科室的功能以及近期工作情况，当得到耐心解答后，李安喜代表说："以前不了解检察机关，更不知道检察机关还有驻监检察室，现在明白了，原来咱们检察机关承担着这么一份责任，司法公平是社会公平的最后一道防线，检察机关就是司法公平的最后一道守护者。"

"刑事执行检察是监督的最后一公里"

　　10月25日，代表们来到遵义市第二看守所、遵义市红花岗区检察院驻遵义市第二看守所检察室、遵义市汇川区检察院视察。

　　在汇川区检察院未成年人润语工作室，李香玲代表仔细询问了工作室的功能和开展工作的情况，她表示，"我是一个老师，在看守所看见未成年人的时候我感到非常难过，但欣慰的是检察机关从帮扶、教育、感化的方针出发，真正帮扶未成年人及时回归社会、回归家庭、回归学校。这种做法很人性化，效果很好。值得点赞"。

获知遵义市汇川区检察院是贵州省第一批司法体制改革试点检察院后，代表们重点了解了该院司法体制改革试点工作开展情况，并对该院忠实履行检察职能、强化法律监督以及司法体制改革试点工作等方面取得的成绩表示赞许。

检察工作实实在在，值得点赞

10月26日，代表们来到遵义市仁怀市社区矫正中心、仁怀市检察院社区矫正检察室实地视察，观看了仁怀市检察院社区矫正检察室工作图片展，现场观摩了社区矫正管理平台演示，听取了仁怀市检察院社区矫正法律监督工作情况汇报。代表们对该院社区矫正法律监督工作取得的成绩给予充分肯定。

邰顺军代表、张国英代表询问了社区矫正中如何监督矫正人完成矫正工作，检察官向

在贵州省贵阳市、遵义市、安顺市等地，代表们前往检察院、监狱、监狱检察室、看守所、社区矫正中心及派驻检察室，深入了解贵州刑事执行检察工作的具体情况。

代表仔细讲解了社区矫正监督工作的细节，并举例说明。代表们现场观摩了社区矫正管理平台演示并大加赞赏，认为利用科技手段对社区矫正进行管理监督大大提升了管理能力。

穆范敏代表说："贵州检察机关辛勤工作，努力创新，大力发展大数据，利用科技手段提升工作能力，检察工作实实在在，值得点赞。这些工作之中有很多可以推广的经验和方法，希望加大宣传，让群众了解检察工作。"

贵州令人印象深刻，贵州检察令人过目难忘

安顺市检察院是此次全国人大代表视察贵州刑事执行检察工作的最后一站，10 月 27 日，代表们首先视察了该院办案工作区、案件管理中心、律师阅卷室等，现场观摩了案件综合管理平台演示，听取了安顺市检察院关于黄果树检察室重点工作的汇报。

"这几天我们视察了监狱、看守所、社区矫正中心和相应的检察室，还听了各级检察院对刑事执行检察工作的介绍，贵州检察工作取得了很大的成绩，很多方面都走在全国的前列，贵州令人印象深刻，贵州检察令人过目难忘。我愿意为贵州的经济社会发展和检察工作的发展作出自己的贡献。"马泽华代表这样评价本次的视察工作。

"欢迎山东的人大代表到安顺视察，山东人大代表对贵州检察工作的表扬让我内心充满欣喜，有一种自豪感，这说明贵州检察在司法公开、为民司法的举措方面取得进步，贵州检察机关工作值得我们去点赞。"姚晓英代表如是说。

"我是含着眼泪看完'莎姐'专题片的"

13位吉林团全国人大代表视察重庆检察工作

在近三个小时的时间，代表们较为全面地了解了以前并不熟悉的检察机关刑事申诉案件和司法救助案件办理流程，并就关心的法律问题在会后与检察官进行了交流

2016年10月24日至27日，13位吉林团全国人大代表赶赴重庆，马不停蹄，风雨兼程，视察了重庆检察工作，察实情、听实事、谋实策、支实招，传递了满满的正能量。

在短短三天半的时间里，代表们行程数百公里，分别深入重庆市检察院、市检察院第一分院、第五分院及大渡口、长寿、沙坪坝三个基层检察院，听取检察工作汇报，现场观摩刑事案件公开答复和司法救助活动，实地视察以"莎姐"青少年维权岗为品牌的未成年人刑事检察工作、控申接待和案件管理工作、各种主题的检察文化建设，直观感受检察工作执法办案过程，全方位、多角度了解重庆经济社会发展和检察工作。

参加本次活动的全国人大代表有：中国证监会吉林监管局局长**万玲玲**代表，中国石油吉林石化公司总经理**王光军**代表，四平红嘴集团总公司总裁**卢志民**代表，吉林省农业委员会原党组书记**任克军**代表，长春新大石油集团有限公司董事长、吉林省总商会副会长**刘桂凤**代表，吉林省四平市人民政府副秘书长**孙立荣**代表，全国工商联常委、吉林神华集团有限公司董事长**李彦群**代表，吉林省人大环境与资源保护委员会主任委员**金华**代表，吉林省长白朝鲜族自治县委副书记、县长**郑亨日**代表，吉林省教育厅副厅长**潘永兴**代表，中国伊斯兰教协会副会长、十二届全国人大民族委员会委员**洪长有**代表，吉林康乃尔集团董事长**宋治平**代表，吉林森工集团有限公司原董事长、党委书记**柏广新**代表。

"我们提出制定司法救助法的立法建议"

"现在宣读会场纪律：未经允许，不准录音、录像、摄影……"

随着"记录员"声音响起，10月25日上午9时30分，重庆市检察院第五分院"温某某刑事申诉、司法救助案公开答复会"正式开始。

在台上就座的有3名检察官，年近八旬的申诉人及其儿子，"第三方"西南政法大学副教授林孝文、重庆兴众律师事务所律师李千仞、申诉人所在镇纪委书记付道元。

10月24日至27日，13位吉林团全国人大代表赶赴重庆视察检察工作。

台下，13位代表目不转睛地盯着PPT，了解案情和公开答复流程，认真倾听检察官介绍了案件的办理情况、处理结果和法律依据、申诉人的意见、"第三方"释法说理。

会上，申诉人明确表示对检察机关处理决定满意，愿意息诉，并提出予以司法救助的申请。

鉴于申诉人年事已高，家庭经济十分困难，符合司法救助的条件，该院依法决定救助申请人温某某3万元，并当场送达了救助金。

在近三个小时的时间，代表们较为全面地了解了以前并不熟悉的检察机关刑事申诉案件和司法救助案件办理流程，并就关心的法律问题在会后与检察官进行了交流。

代表们表示，刑事申诉案件公开答复体现了检察机关执法为民、公开公正的良好形象，开展司法救助既解决了申请人最直接、最现实的生活困难，又彰显了检察机关的民生关怀。

"通过观摩司法救助案的公开答复，我们提出制定司法救助法的立法建议。对经济困难的当事人予以司法救助，目前缺乏

代表们在大渡口区检察院视察"莎姐"青少年维权岗工作，取阅《莎姐讲故事》普法漫画书。

统一完整的立法，建议以立法的形式将现有规定予以补充和完善。"金华代表说。

"我是含着眼泪看完'莎姐'专题片的"

未成年人的健康成长事关国家和民族的未来，未成年人工作是一项需要全社会共同努力的系统工程。代表们此行，对未成年人刑事检察工作给予了充分关注。

10月25日下午，在大渡口区检察院，办公室桌子上摆放整齐的青少年普法漫画书《莎姐讲故事》引起了代表的浓厚兴趣，纷纷取阅，仔细研读，连声说"好"。

代表们还饶有兴致地视察了"莎姐"青少年维权岗工作，参观了"莎姐"谈心室、"莎姐"调解室等未成年人刑事检察办案工作区，全面了解重庆检察未检工作。

"'莎姐'青少年维权岗把国家要求落实得这么好，让我大开眼界。检察官们在办案中讲方法、讲办法、讲技巧，入情入理，入心入脑，在依法打击未成年人犯罪的同时，又能有效保护未成年人，这个工作做得真是好。"潘永兴代表动情地说。

"'莎姐'工作机制做成了一个很有影响力的品牌，靠的是十年如一日检察官的坚持和情怀，确实值得敬佩。"万玲玲代表说。

"我几乎是含着泪看完这些'莎姐'宣传片的。我是一个母亲，为未成年人犯罪感到惋惜，因为这对未成年人的一生都会产生重要的负面影响。全国有3亿未成年人，保护工作任务重。今天了解了'莎姐'检察官的付出，历经十年耕耘，已成为依法治市的靓丽名片，使未成年人犯罪明显下降，应给予鼓励和肯定。"金华代表说。

在短短三天半的时间里，代表们行程数百公里，分别深入重庆市检察院、市检察院第一分院、第五分院及大渡口、长寿、沙坪坝三个基层检察院进行视察。

"预防职务犯罪的经验可复制"

10月26日，代表们视察了长寿区检察院派驻长寿湖中心检察室和"长寿区预防职务犯罪警示教育基地"。

这个由长寿区检察院建成的重庆首个深度体验式警示教育基地，一改以往以案例展示贪官贪腐故事的形式，以个人成长为主展线，充分运用人体感应、人机交互、场景复原、电影配乐等多媒体技术和跨门类的艺术形式，让参观者身临其境目睹贪腐者成长——嬗变——忏悔——感悟的心路历程，自然而然地回顾自己的人生，直面当下面临的现实诱惑，从而选择正确的人生道路，真正能起到震撼心灵的作用。

"这些都是很珍贵的东西，宝贵的资料。"卢志民代表说。"长知识，长见识。这些预防职务犯罪的经验可复制。"孙立荣代表说。

"预防基地建设倾注了大量的心血，做这些工作很不容易，很有意义，给我们留下了深刻印象。"万玲玲代表说。

"一个区检察院做得这样好，成为市委组织部的教育基地，堪称大建设、大手笔、大思路，彰显了市检察院夯实基层基础建设的功底和水平。"金华代表说。

"重庆，我还想再来"

10月27日，代表们视察了市检察院第一分院控告申诉接待中心、案件管理中心、检察文化长廊，并在该院召开吉林团部分全国人大代表视察座谈会。

最高检申诉检察厅主要负责人简要向代表们汇报了最高检关于全国人大代表联络工作情况和刑事申诉检察工作的有关情况，诚恳地希望各位代表提出宝贵意见和建议，帮助检察机关进一步做好各项检察工作。

金华代表视察团一行作了视察情况反馈。首先对最高检组织全国人大代表交叉视察表示衷心感谢，认为此次安排视察的内容非常丰富、全面，使代表对检察工作有了比较系统性的了解。对重庆检察工作提出了三点建议：继续坚持司法工作的民生导向，继续加大服务民生服务民营经济的力度，继续广泛开展法制宣传教育。

其他各位代表也畅所欲言，谈体会、讲感受、提建议，表达对检察工作的理解、监督和支持。

"活动考察主题鲜明、内容翔实，印象深、体会多、收获大。重庆检察工作经验可圈可点，可学习、可复制、可推广。"任克军代表总结此行感受的这句话，道出了代表们的共同心声。

"重庆检察工作有五个特点——队伍建设抓得突出，司法改革创新突出，未成年人犯罪预防教育突出，预防职务犯罪教育突出，红岩魂主题文化建设突出。这些特别值得学习，值得赞美。"刘桂凤代表如此评价。

"建议最高检推广重庆'莎姐'工作模式。青少年犯罪预防工作是一个社会问题，检察院应高度重视，也让社会方方面面引起重视。"王光军代表建议。

"'莎姐'工作室把国家的要求内化为我们积极自觉的行为，让我深受感动也深受教育。重庆市检察院做了一个有益的工作，这个经验可辐射、可复制，作为一名教育工作者，谢谢你们！"潘永兴代表如此表示。

随后，重庆市检察院负责人作了发言，认为此次跨省交叉视察，是最高检加强对外联络工作、密切与代表联系、加强与代表互动、增进代表对检察工作深度了解的一项创新之举，展示了代表们高效务实的工作作风，体现了人大监督对检察工作的有力推动，为进一步加强和改进工作提供了全新视角，对促进重庆检察工作持续健康发展具有重要意义。

负责人表示，将高度重视代表们的意见和建议，全面梳理，认真研究，细化跟进，下发全市检察机关贯彻落实，作为进一步加强和改进检察工作的措施、进一步谋划明年检察工作的思路，把代表的要求和建议落实到检察工作思路上、体现到工作措施中、兑现在工作成效上。

在即将离别之际，代表们言语之间流露出依依不舍之情，现场气氛热烈、友好……"重庆，我还想再来。"卢志民代表的话，赢得了代表们热烈的掌声。

绿色司法落地生根
13位西藏、四川团全国人大代表视察浙江检察工作

"绿色司法理念，最初是从报纸上看到的，还不太理解，听了汇报后，豁然开朗，相信随着这一理念的深入践行，对社会治理创新的积极推动作用会不断显现。"谢开华代表赞许道

代表们参观杭州市检察院文化展示区。

　　2016年11月8日至11日，应最高人民检察院之邀，13位四川省、西藏自治区的全国人大代表首次视察浙江检察工作。

　　深秋的浙江大地，虽是收获季节，但绿意仍浓，生机无限，代表们马不停蹄先后来到杭州、舟山、宁波、绍兴视察，浙江的检察工作给代表们留下了深刻印象，尤其是浙江检察机关

倡导的绿色司法更成为代表们此次浙江之行最深的"浙检印记"。

参加本次活动的全国人大代表有：四川省茂县东兴乡新纪元电冶有限公司员工**王安兰**代表，成都铁路局党委书记**王晓州**代表，西藏自治区山南隆子县斗玉珞巴民族乡党委副书记、乡长**扎西央金**代表，西藏自治区那曲地区人民医院副院长**次旺仁增**代表，四川省政协常委、阿坝藏族羌族自治州政协主席**吴泽刚**代表，四川省遂宁市人民政府驻深圳办事处主任、市投资促进委员会副主任**吴新春**代表，四川省文联副主席、成都市艺术职业学院院长**余开源**代表，全国人大内司委委员、中航工业成都飞机工业（集团）有限公司副总工程师**洪建胜**代表，西藏自治区拉萨市人大常委会主任**洛桑旦巴**代表，四川省商务厅原厅长、党组书记**谢开华**代表，四川省广安市思源矿业集团有限公司董事长**赖大福**代表，国家电网四川省公司副总经理兼国家电网成都供电公司总经理**褚艳芳**代表，全国人大常委会委员、全国人大民族委员会委员、九三学社四川省委委员、凉山州暨西昌市委秘书长、西昌学院法学教授、学报编辑部副主任**王明雯**代表。

听汇报：绿色司法理念很超前

"浙江检察机关提出的绿色司法，是一个全新的理念，令人非常激动。"11月8日上午，余开源代表在听取浙江省检察院检察长汪瀚有关浙江检察工作情况的汇报后，带头为"绿色司法"点赞。

近年来，浙江检察机关人均办理刑事案件数量一直位居全国第一，案多人少的矛盾十分突出。2016年年初，浙江省检察院党组从破解案多人少矛盾出发，经过调查研究，创造性提出了绿色司法这一理念，指出要通过规范、理性、文明司法，以检察司法的生动实践，构建法治生态的"绿水青山"。

"浙江检察机关的高水平发展目标和绿色司法理念十分超前，符合中央提出的新发展理念，有助于提高司法公信力，关键还在于践行。"曾长期在政法部门工作的洛桑旦巴代表说。

在随后几天的视察中，代表们又先后听取了杭州市、舟山市、宁波市北仑区、绍兴市等检察院检察长的工作汇报，"践行绿色司法"自然是检察长们汇报中出现的高频词之一，代表们也因此加深了对绿色司法的了解。

"绿色司法理念，最初是从报纸上看到的，还不太理解，听了汇报后，豁然开朗，相信随着这一理念的深入践行，对社会治理创新的积极推动作用会不断显现。"谢开华代表赞许道。

"浙江检察机关对涉民营企业案件'轻拿轻放'防止负面司法产出，既是践行绿色司法理念，又是最大限度地保护民企健康发展。"赖大福代表有感而发。

除了听取汇报，代表们还实地参观有关检察院的警示教育基地、检察服务大厅、院史陈列室等场所。

走现场：绿色司法已经在浙江落地生根

除了听取汇报，代表们还实地参观有关检察院的警示教育基地、检察服务大厅、院史陈列室等场所，并与干警座谈交流，零距离感受绿色司法在浙江大地的生动实践。

"这漫画真是一级棒！杭州检察机关的新媒体宣传，提升了检察机关的软实力和品质。"在杭州市检察院一楼的检察文化展示区，王明雯代表对该院新媒体团队创作的一系列新媒体作品竖起了大拇指。

"律师会见无障碍，阅卷一张光盘轻松搞定，新型检律关系的杭州模式不虚此名！"在参观杭州市检察院"一站式"检察服务大厅时，王安兰代表如是说。

"这个司法救助与社会救助相结合的平台，确实是为刑事案件受害人着想，这是检察机关司法为民的主动作为。"在舟山市定海区检察院检察服务大厅，洪建胜代表对舟山检察机关首创的"两助"建设平台高度评价。

代表们一路视察一路点赞，认为浙江检察机关践行绿色司法创新多，亮点纷呈，绿色司法已经在浙江检察机关落地生根，并且正在开花结果。

寄厚望: 期待绿色司法走向全国

"我是浙江金华人, 这次看到家乡检察工作的发展, 很高兴。浙江是互联网大省, 基础好, 希望浙江检察机关能把新理念、新思想融入到检察信息化建设中, 下大力气推进信息化建设。期待浙江检察机关能创造出更多的经验, 有更多的'浙江样本'供全国学习借鉴。"离开家乡已经四十年的洪建胜代表饱含深情地说。

在视察活动临近结束的座谈会上, 代表们畅所欲言, 表示这次视察活动收获很大。"浙江检察绿色司法理念值得点赞、跨省传播和延伸, 衷心地希望绿色司法理念能够传到西藏那曲, 为西藏那曲的检察事业注入新的活力。"扎西央金代表说。

曾多次带队到浙江学习考察的吴泽刚代表说: "这次视察既是履行代表监督职责, 更是一次难得的学习机会, 浙江是对口援助阿坝的省份之一, 希望浙江检察机关加大结对帮扶力度。"

"要加强对绿色司法的总结、推广和宣传, 我相信绿色司法肯定能创出一条成功的新路, 像'枫桥经验'一样, 走向全国, 成为政法战线的一面旗帜。明年全国'两会'上, 我们在审议最高检工作报告时, 要关注浙江检察工作, 关注绿色司法。"洛桑旦巴代表的一席话引起了次旺仁增代表、吴新春等代表的共鸣, 大家表示, 要当好绿色司法的宣传员。

"虽然浙江和四川、西藏远隔千山万水, 但北纬 30 度将我们串在了一起。"一路陪同代表视察的浙江省检察院负责人动情地说。他感谢代表们对浙江检察工作的厚爱和监督, 并表示代表们提出的意见建议, 浙江省检察院党组将认真梳理研究, 加强落实, 进一步推动浙江检察工作更好发展。

致敬守正义斗腐败的检察人

12 位江苏、青海团全国人大代表视察河北检察工作

"这次视察活动，让我们看到了检察机关守护正义，坚决同贪腐作斗争的辉煌战绩，深为国家和人民有一支过硬的司法队伍感到欣慰。"程苏代表说

10 月 24 日至 27 日，应最高人民检察院邀请，来自江苏团、青海团的 12 位全国人大代表赴河北视察检察工作。

    2016 年 10 月 24 日至 27 日，应最高人民检察院邀请，来自江苏团、青海团的 12 位全国人大代表抵达河北开展视察工作，燕赵大地留下了代表们对检察工作的浓浓关切。

    参加本次活动的全国人大代表有：江苏省知识产权局纪检组组长**丁荣余**代表，江苏省连云港市汽车运输有限公司新浦汽车总站党支部副书记、工会主席**权太琦**代表，青海省贵

德县河阴镇大史家村党委书记**毕生忠**代表，青海省经信委巡视员、副主任、省招商局副局长**李小松**代表，江苏省盐城市疾病防控中心主任**沈进进**代表，江苏省南京市高淳区古柏街道党委副书记**武继军**代表，江苏省溧阳市兴竹畜禽养殖厂厂长**胡明**代表，江苏省沛县胡寨镇草庙村党总支书记**秦真岭**代表，青海省黄南藏族自治州人民医院妇产科主任医师**娘毛先**代表，南京体育局副局长、国际级运动健将**葛菲**代表，青海省政协常委、原民盟青海省委专职副主委**程苏**代表，江苏省徐州市体育局体育运动学校教师、中国残奥乒乓球队教练**衡新**代表。

看反贪：让贪官不敢心生贪念

"近三年来年均立案侦查职务犯罪 2900 多人，挽回经济损失 28 亿余元。办案数量、挽回经济损失数额屡创历史新高。其中，立案侦查大案 4438 件，厅局级以上要案 86 人。"反贪污贿赂工作是代表们此行走访视察的重点。

娘毛先代表认为，这一组数字，说明了河北省检察机关查办反贪案件力度很大，贯彻落实中央反腐败决策部署态度坚决，成效明显。"我听了以后特别振奋。"沈进进代表说。

河北省检察机关查办的国家发改委能源局煤炭司原副司长魏鹏远受贿、巨额财产来源不明案，从一笔 20 万元人民币受贿线索查起，起获现金 2 亿多元，成为全国检察机关一次性起获赃款现金数额最大的案件。河北省还是承办最高检指定管辖案件最多的省份之一，包括副国家级 1 人、省部级 6 人、厅局级 40 人，充分展现了检察队伍过硬的素质和能力水平。

"这次视察活动，让我们看到了检察机关守护正义、坚决同贪腐作斗争的辉煌战绩，深为国家和人民有一支过硬的司法队伍感到欣慰。"程苏代表说。

代表们认为，河北省检察机关坚持有腐必反、有贪必肃、有案必查，清除了害群之马，营造了风清气正的发展环境。

看预防：时刻保持廉洁性和纯洁度

代表们带着思索，在听完石家庄市检察院负责人就该院立足检察职能，服务和保障非公企业经济发展情况的介绍后，又深入神威药业集团实地走访。

"30 年来，企业从小到大，从弱到强，从没有竞争力到国内领先，每一步都离不开检察机关的支持。"神威药业集团负责人李振江也是一名全国人大代表，他如数家珍地介绍了三级检察机关多年来的支持与帮助，认为最高人民检察院制定《关于充分发挥检察职能依法保障和促进非公有制经济健康发展的意见》，为非公企业发展撑起了保护伞。

唐山市曹妃甸区曾经是一座荒无人烟的小岛。近年来，国家和河北省先后投资 4000

多亿元,开展填海造地和一系列重大工程项目建设。曹妃甸区检察院针对工程数量多、投资金额大、建设周期长、廉政风险高等特点,积极开展职务犯罪预防工作,保证了重大工程项目的顺利开展。

"曹妃甸发展速度很快,这里面也有检察机关的一份功劳。"武继军代表说,检察机关在服务经济社会发展大局和职务犯罪预防工作中大有作为。

走进沧州市反腐倡廉警示教育基地,代表们立即被这里全新的设计理念、丰富的表现元素、震撼的警示效果所吸引。"内容丰富,形式新颖,看后非常震撼。""这是我见过的最好的警示教育基地。属于国内一流水平。"代表们一边参观一边不住地赞叹,并建议要组织更多的党员干部来此接受警示教育,通过这些反面典型案例,不断警醒和教育广大党员干部慎用手中权力,时刻保持廉洁。

看素质:队伍建设成效很明显

石家庄市西柏坡曾是中共中央所在地,在这里,党中央不仅指挥了著名的三大战役,还严肃处理了在土改中腐化堕落的战斗英雄、猛虎营营长李山。针对当时发生在干部队伍和军队中的腐败现象,毛泽东陷入深深思考,并在离开西柏坡时提出了著名的进京"赶考"命题和"两个务必"要求:"务必使同志们继续地保持谦虚、谨慎、不骄、不躁的作风,务必使同志们继续地保持艰苦奋斗的作风……"

河北省检察院新一届党组不忘初心,以"赶考"为命题,提出了"政治建检、业务立检、公信树检、素质兴检、科技强检"总体工作布局。代表们对此给予高度评价,认为河北检察机关大局意识强,服务京津冀协调发展措施得力,司法办案、队伍建设都取得了明显成效。

此次视察主题是反贪污贿赂工作,兼顾司法体制改革、检察信息化建设、未成年人检察工作等内容。视察中,代表们始终热情高涨,对各项检察工作表现出了浓厚兴趣。最高人民检察院反贪总局一局相关负责人全程陪同视察工作。在视察结束召开的座谈会上,代表们留下了真诚建议。

最高人民检察院反贪总局一局相关负责人表示,代表们的意见和建议是进一步做好检察工作的宝贵财富,要把这些意见和建议作为进一步加强和改进检察工作的着力点和切入点,逐条研究落实措施,推动检察工作不断迈上新台阶,切实履行好宪法和法律赋予的法律监督职责。

扮演好"清道夫""啄木鸟""守望者"

19位全国人大代表、全国政协委员调研湖南检察工作

检察机关不但在经济建设大舞台上主动担当起服务者的重要角色，更在执法办案的小舞台上勇敢担当"大演员"角色，这为依法治国做出了一个示范

2016年11月21日至25日，19位民主党派全国人大代表、全国政协委员深入长沙、湘潭、岳阳三地检察机关和企业、高校进行实地走访，充分了解了湖南检察工作，尤其是依法保障和促进非公经济健康发展工作，并为湖南检察工作建言献策。

参加本次活动的全国人大代表、全国政协委员有：民盟中央常委、西南大学资源环境学院院长谢德体代表，安徽工艺贸易进出口有限公司、安徽鑫茂典当有限公司董事长薛颖代表，长沙市副市长、民盟湖南省副主委何寄华代表，广西农业科学院水稻研究所所长龙丽萍代表，湖北省恩施州卫生学校副校长杨琴代表，全国人大常委会委员、民进中央常委、河北省人大常委会副主任、河北省社会主义学院院长王刚代表，山东省贸促会会长、民进山东省委副主委徐清代表，农工党内蒙古区委副主委、乌兰察布市政协副主席、集宁一中校长李一飞代表，广西南宁树木园副主任、广西北部湾林业集团监事会主席、广西北部湾华济森林文化投资有限公司董事长覃建宁代表，湖南省岳阳市屈原管理区凤凰乡凤凰村村委会主任杨莉代表，华夏董氏兄弟集团执行董事董配永代表，九三学社中央委员、清华大学水利系教授周建军代表，九三学社邢台市委主委、河北省邢台市副市长史书娥代表，九三学社中央委员、苏州市人大常委会副主任、苏州大学附属第一医院普外科主任医师钱海鑫代表，台盟吉林省委副主委、长春高新技术产业开发区长德新区管委会主任孔令智代表，山东省菏泽市工商联副主席、巨野县政协副主席、巨野县丽天民泽大酒店总经理尚瑞芬代表，台盟湖北省委副主委湖北省中医院医学美容科主任胡霜红代表，山西省政协常委、省农科院农业资源与经济研究所研究员姚建民代表，台盟中央社会服务部部长蔡国斌委员。

为非公企业"除虫护花"

"根据当前经济下行压力加大以及深化改革中出现的新问题新情况，湖南省检察机关

2016 年 11 月 23 日, 代表们参观三一重工企业。

依托检察职能, 重点探索了'除虫护花'和'依法容错'两大机制。"湖南省检察院负责人在 22 日的工作情况汇报会上介绍。

在了解湖南检察机关一系列常态化、规范化措施后, 调研团成员纷纷表示湖南检察机关在探索服务非公经济发展方面做出了许多有益的尝试。周建军代表认为, 十八大以来, 民营企业既有市场需求也面临不少难题, 最高检狠抓非公企业是真正抓到了点子上, 湖南检察机关落实得也是相当扎实。董配永代表感慨, 湖南检察机关胸怀大局, 创新思维, 上守法规, 下接地气, 工作卓有成效, 给党委和政府加了分, 给经济发展注了力, 给非公经济造了福。

"非公经济在湖南取得了健康、长足的发展, 比如华曙高科、远大住工都是非公经济做大做优做强的典型代表, 给我们留下了非常深刻的印象。"钱海鑫代表表示, 这些企业的成绩离不开政策的支持, 更离不开检察机关在保障和促进非公经济方面所做的努力。

对非公经济的有力助推

在长沙县检察院, 调研团成员了解到该院设置了驻经济技术开发区检察室, 建立了企业检察联络员制度, 在服务企业科技创新等方面办了不少案件, 并对该院"服务 + 打击 + 预防 + 保护"四位一体的工作机制给予了高度肯定。

检察院大厅里摆放着介绍服务非公经济做法的宣传展板，徐清代表仔细地给每一块展板拍照。她认为检察院建立的犯罪线索移送直通渠道非常有效，保证了事前、事中、事后都有措施可以应对。作为商会代表，熟悉检察院做法对她的工作也有不少好处。龙丽萍代表也表示，长沙县检察院展板的形式帮助他们了解工作，既对非公预防贴心到位，也能取得良好的普法效果，将预防工作走在前头，可以说让企业吃了定心丸。

"长沙县检察机关在司法实践中做到了'办案与服务并行、惩治与保护并重、打击与预防并举'，从顶层设计到基层落实贯彻通畅，高精尖企业的飞速发展跟检察机关的服务分不开。"史书娥代表说。

调研团成员还前往三一重工、广汽菲亚特等企业实地走访，零距离了解检察机关服务企业发展情况。在三一重工的生产车间，工作人员介绍了发生在该公司的全国首例大型工程机械 GPS 类型破坏计算机信息系统案，长沙县检察院派员依法提前介入，辗转多个省份，寻找固定证据的突破点，顺利将该案提起公诉，有效保护了企业的自主知识产权，维护了市场经营秩序，促进了企业的健康发展。

"我确实在这里领会到了检察机关保障和服务非公经济发展的决心和态度，这是对国家的一种贡献，也是对非公经济的有力助推。"蔡国斌委员为长沙县院检企共建的做法连连点赞。

扮演好"清道夫""啄木鸟""守望者"

据了解，岳阳市检察机关近年来秉承"求索、忧乐、荷花、骆驼"四种精神，充分发挥打击、预防、监督、教育、保护等检察职能作用，旗帜鲜明地为岳阳经济建设履职尽责，主动担当起服务岳阳经济社会发展的政治责任和历史使命，努力清除影响经济社会发展的各种顽障痼疾，从工作机制上解决了"为什么服务、服务什么、怎么服务"等问题，为促进全市非公经济健康发展提供了优质高效的司法保障。

调研团成员一行在岳阳市检察院参观了案件管理大厅和办案工作区，听取了服务非公经济情况工作汇报，观看了《检察护航，全力保障和促进岳阳市非公经济发展》专题片。接着，成员们还来到地下一层的办案区，对这里采用米白色全软包墙壁的做法很赞同。杨琴代表仔细向工作人员了解询问室与讯问室的区别，表示这里的设置让人心态放松，避免了情绪影响当事人的供述。孔令智代表表示，这里体现了以人为本的特点，并建议在做好硬件的同时，软件也要及时跟上，比如侦查技术手段应及时更新。

随后，调研团成员深入国信军创（岳阳）六九零六科技有限公司，考察该公司北斗卫星导航定位系统及应用技术的研发、制造、集成和运营服务情况，详细了解岳阳市检察机关服务非公经济发展所做的努力和成效。

通过实地走访、视察，成员们对岳阳市检察机关在服务非公经济发展中积极作为、主动作为表示高度肯定。杨莉代表、尚瑞芬代表、胡霜红代表等都感叹，检察机关在服务非公经济发展中扮演好了"清道夫""啄木鸟""守望者"角色，做到了"既不因执法办案影响经济发展，也不因服务经济发展牺牲履职底线"，非常有履职担当，有效提振了非公经济发展信心，助推了非公经济健康发展。

要真正保护好草根经济的发展

湖南调研行一路走来，成员们一方面为湖南非公有制经济的蓬勃发展感到欣喜，为检察机关的努力点赞，另一方面也提出了不少宝贵意见。

薛颖代表表示，本次调研活动是代表在履行职能上的形式创新，也是第一次最高检和统战部联合调研，既能节约时间，也能达到就一些问题达成共识的目的。

"如果说这次调研稍有不足的话，就是没有涉及个体经济这个层面。事实上，相对弱势的个体经济，受到非法侵害的可能更大，可能最希望得到政策法规的保护，所以建议检察机关把关注点更多放在弱势的非公经济体上去。"谢德体代表指出。

成员们还提出了不少意见建议。何寄华代表认为，检察机关要进一步把握非公经济发展过程中的困难，比如发展信心的问题，发展环境的问题，融资困难的问题，市场准入的问题。同时也要加强能力建设，加强经济、企业方面的知识培训力度，不断优化知识结构。徐清代表则建议，一是建立健全检察机关与非公经济的主管部门的联席会议制度，让更多的部门加入这个制度当中；二是真正以企业为主体，建立企业需要的法律服务体系，帮助企业提升品质，走向成功。覃建宁代表指出，检察机关还应该继续深入基层，创新宣传手段，改革创新形式，做好非公企业宣传和预防工作，增强从业者法治意识，帮助企业建立完善监督机制，有效预防犯罪的发生。

钱海鑫代表、董配永代表和李一飞代表均强调，湖南检察机关主动作为，对于这些成绩要及时总结，并适时在全国推广，真正保护草根经济发展。

"非公经济、盼兴旺、高检护航。十八条、抓铁有痕、目张有纲。湘省经济快增长，法规护企有保障。企业家，全心闯事业，动力大。最高检、邀代表，视察湘，非寻常。科技强，非公亦能逞霸。长沙岳阳成榜样，实现小康作栋梁。代表赞，湘检经验好，当推广。"在调研过程中，姚建民代表填词《满江红·湖南行》，为湖南检察工作点赞。

司法责任制改革三级院全覆盖

13 位军队全国人大代表视察海南、广州铁路运输检察工作

代表说，海南检察机关主动适应经济发展新常态和司法改革新要求，在司法体制改革、检察官选任工作中，实现了全省三级检察院全覆盖，成效显著，值得点赞

碧海银沙绿树，风景令人陶醉。2016 年 12 月 27 日至 29 日，适逢隆冬时节，应最高人民检察院邀请，13 位解放军团的全国人大代表，首次视察海南检察及广州铁路运输检察工作。

在最高检铁路运输检察厅、海南省检察院、广州铁路运输检察分院有关负责人的陪同下，代表们先后来到粤海铁路海口火车站、琼州海峡铁路轮渡海口南港码头、海南省检察院、琼海市检察院、三亚市检察院派驻乡镇检察室视察，海南及广铁运输检察工作给代表们留下了深刻的印象。

参加本次活动的全国人大代表有：石家庄陆军指挥学院原政治委员**姜援朝**代表，空军预警学院预警情报系教授**熊家军**代表，解放军 63600 部队原政治委员**王兆宇**代表，解放军理工大学原政治委员**徐朝光**代表，解放军 68116 部队部队长、高级工程师**陈林**代表，海军潜艇学院 4 系 403 教研室主任**李丹妮**代表，解放军 75738 部队副部队长**田伟**代表，解放军 96301 部队装备部战技勤务处处长**蔺阿强**代表，贵州省军区司令部信息化处助理工程师**李廷伟**代表，解放军 68612 部队钻井一营政治教导员**韩瑜**代表，解放军 73017 部队 58 分队排长**罗尕机**代表，解放军 92514 部队 10 分队无线电技师**黄良平**代表，解放军 96213 部队 70 分队班长**王忠心**代表。

服务保障平安铁路建设有作为

琼州海峡铁路轮渡，即粤海铁路轮渡是我国第一条跨海铁路通道，连接海南环岛铁路，已平安运行 13 年。

"粤海铁路轮渡、海南环岛铁路之所以能平安运营，与铁路运输检察服务保障平安铁路建设工作密不可分，铁路运输检察工作功不可没。"12 月 27 日上午，李廷伟代表在视察粤海铁路海口南港码头及海口火车站后，情不自禁地为铁路运输检察工作叫好。

人大代表视察三亚海棠湾检察室警示教育基地。

　　随后代表们听取了广州铁路运输检察分院负责人对服务保障平安铁路建设和服务保障铁路运输工作的汇报。代表们对粤海铁路及海南环岛铁路建设和安全运营给予了充分肯定。

　　在打击涉及铁路运输刑事犯罪的同时，2012 年以来，通过粤海铁路通道，查破贩运毒品案件 109 起，缴获毒品 215 吨。开展信息化追逃工作，抓获网上逃犯 1008 名。

　　"看了这些数据，很是振奋，真没想到铁路运输检察在服务保障平安铁路建设中，联手铁路警方，增强使命意识和责任担当，强化了法律监督职能，在打击粤海两地毒品犯罪及网上追逃犯中发挥了如此大的作用。"王兆宇代表说。

　　姜援朝代表也表示："地方上有很多东西值得军队学习，军队离不开地方，如军转干部安置、军队家属就业、子女就学等。"

关心司法体制改革试点的困难与问题

　　"海南检察机关主动适应经济发展新常态和司法改革新要求，在司法体制改革、检察官选任工作中，实现了全省三级检察院全覆盖，成效显著，值得点赞。"12 月 27 日下午，熊家军代表在听取了海南省检察院工作汇报后，激动地说。

代表们在海南省检察院视察期间，观看了相关专题片，听取了海南检察工作汇报。代表们特别对海南省检察机关司法体制改革试点工作中遇到的一些难点敏感问题，予以妥善圆满解决感兴趣，并不时进行提问。

海南省检察院负责人对代表们提出的问题一一作了详细解答，重点回答了代表们提出的司法体制改革后，是否存在"案多人少"的情况，如何解决未入额检察官的后顾之忧，调动各类人员的工作积极性，基层检察院内设机构改革工作进展等方面的问题。

代表们表示，对海南检察机关在派驻乡镇检察室建设和司法体制改革过程中遇到的困难和问题，将积极帮助向有关方面呼吁和建议。

维护渔民权益，检察室功不可没

12月28日，代表们来到琼海市潭门镇，视察了这里的海上民兵连连部、渔民协会、琼海市检察院派驻潭门海洋检察室。听取了潭门海洋检察室工作汇报。代表们对检察室发现、收集职务犯罪线索、立案监督线索工作，针对渔民反映强烈的涉及渔船柴油补贴项目资金的发放和管理，以及维护渔民合法权益方面所做的大量艰苦细致的工作，给予了充分肯定。

黄良平代表询问了检察室如何发现犯罪线索以及通过什么方法来服务农村"两委"换届选举，防止贿选等情况。检察官向代表仔细讲解了通过走访渔民，开展调查发现涉及渔船柴油补贴资金发放中的犯罪线索，并立案侦查，将犯罪分子绳之以法的案例。黄良平代表对检察室的辛勤工作表示赞赏。他说："有检察室的监督，国家惠及渔民的资金补贴就可以落到实处，从而保障渔民权益不受侵犯。维护渔民权益，检察室功不可没。"

田伟代表表示，"通过视察和听取工作汇报了解到，检察室虽小但作用大。我感到检察室的设立补齐了农村法律监督的短板"。

警示教育基地催人警醒

三亚市两级检察院派驻海棠湾检察室，是此次解放军团全国人大代表视察海南检察工作的最后一站，12月29日，代表们考察了海棠湾检察室办公区，观看海棠湾检察室维护基层和谐稳定，深入化解矛盾纠纷，维护群众合法权益的专题片。

"派驻海棠湾检察室，把群众矛盾化解在基层，做到'大事不出乡镇，矛盾不上交'，对维护农村稳定起到很大作用。乡镇检察室做了这么多工作真出乎我们想象，检察室真是检察机关的前哨站。"观看完专题片后，李丹妮代表对检察室做了这样的评价。

随后，代表们走进设在海棠湾检察室二楼的三亚市反腐倡廉警示教育基地，立即为这设计理念新、表现元素多、警示教育效果好的场所所震撼。基地由三亚市纪委和三亚市检察院联合建设，教育和警示广大党员干部以案为鉴、远离腐败。整个教育基地主题鲜明、

人大代表视察琼海潭门海洋检察室。

内容丰富，集政治性、警示性、教育性于一体，并采用多媒体演绎、声光电融合等科技手段，成为互动式、体验式、启发式的警示教育重要平台。

"展示案例内容丰富，形式新颖独特，案例中那一句句悔恨，令人震动；那一次次反思，发人深省；那一声声告诫，催人警醒。"代表们边观看边发出赞叹，并建议要组织更多的党员干部来这里接受警示教育，通过这些反面典型案例，不断警醒和教育广大党员干部慎用手中权力，时刻保持廉洁。要预防在先，警钟常鸣。

视察海南检察工作结束时，李廷伟、罗尔机代表说："我们感到海南检察干警非常热情，检察队伍建设、司法体制改革、乡镇检察室工作做得非常好。检察机关敬业奉献的工作态度，求真务实的工作作风值得敬佩。建议海南检察机关做好自身的宣传工作，把这些好的经验做法分享给大家，让群众对检察工作有更进一步的了解。因为群众了解检察、理解检察，才能更好地支持检察工作。"

最高人民检察院铁路运输检察厅、海南省检察院相关负责人表示，代表们的意见和建议是进一步做好检察工作的宝贵财富，要把这些意见和建议作为进一步加强和改进检察工作的着力点、切入点，逐条研究落实措施，推动检察工作不断迈上新台阶。

除了通过 23 次异地交叉视察了解各地检察工作以外，代表委员们还数次走进最高人民检察院，探访领导全国检察工作的最高检察机关。

开门迎来"最可爱的人"
14 位军队全国人大代表参观最高检机关

在工作人员的引导下，代表们模拟了检委会成员表决过程。张金成等多位代表拿出手机，拍下了会议室里的一幕，也有代表意犹未尽，在此互相拍照留念

　　"大家好！我叫周海波，原工作单位是总参 51 所，2005 年转业到最高检，是控告申诉厅的一名工作人员，今天非常高兴在这里迎接大家，尤其是看到我原部队的同事王辉成长为一名全国人大代表，真的非常高兴，非常激动。"

　　2016 年 7 月 29 日，在建军节来临之际，最高检举行以"加强军地协作，维护军人权益"为主题的检察开放日活动，解放军团的 14 位全国人大代表应邀参加。

　　这是自 2010 年 5 月以来最高检机关首次专门邀请军队人大代表参加，也是最高检机关举办的第十五次检察开放日。参加本次检察开放日的代表有：蔡红霞、崔玉玲、戴绍安、费玲、李爱平、刘云海、马秋星、王方、王辉、王军、王兆宇、王振国、徐朝光、张金成。

代表参观注重细节

　　7 月 29 日上午 9 时，来自解放军代表团的 14 位全国人大代表在最高检办公厅工作人员的引领下，走进最高检西区办公区。检察机关是怎么工作的？与军队有哪些不同？带着疑问，在工作人员陪同下，代表们参观了最高检机关的部分工作场所。

　　"在这里每天的接访量有多少？接访工作人员有多少人？"在举报中心接待大厅，李

7月29日，在建军节来临之际，最高检举行以"加强军地协作，维护军人权益"为主题的检察开放日活动，解放军团的 14 位全国人大代表应邀参加。

爱平代表向工作人员提问。"我们共开设了 16 个接待窗口，30 名接访人员。最多的一次是一天接访了 800 多人次。来访的人员在这里先取号排队，接待人员登记后，来访人员上二楼接待室，有专门的接待人员负责接待。对于接待情况，我们实行同步录音录像，这也是加强自身监督的必要措施，要做到规范执法，接待人员的工作首先要做到规范。"工作人员为代表们一边讲解，一边演示接待举报人的流程。

代表们走进 12309 举报电话办公现场时，6 名工作人员正在录入举报信息。刘云海代表在一位工作人员身边驻足，观看并聆听，"你是哪里？哪个省？甘肃省什么地方？"来电话的人讲的不是普通话，工作人员一边反复核实，一边把来电话的人的信息录入电脑，并及时修正。刘云海代表感慨地说："工作量这么大，审查和受理过程依然十分规范细致，检察机关辛苦了自己，却畅通了老百姓表达诉求的途径，这让群众对司法公正更加有信心。"

"没想到最高检接待来信来访来电的工作人员工作量如此之大，而工作态度又这么严谨，规范化程度又这么高，展现了检察机关的公信力和自信形象。"王方代表表示。

"行贿犯罪档案查询需要付费吗？""每年查询的总量有多少？"在最高检行贿犯罪档案查询管理中心，代表们继续提问。"查询是免费的。过去一年，全国检察机关共受理行贿犯罪档案查询 362.9 万余次。"对于代表们提出的每一个问题，工作人员都予以认真细致的解答。

"您好！我们是锦州市人民检察院，现在向最高检侦查指挥中心汇报有关案件的办理情况。"在最高检大要案侦查指挥中心，代表们现场观摩了最高检大要案侦查指挥中心先后同辽宁省检察院侦查指挥中心、锦州市检察院侦查指挥中心、锦州市凌河区检察院侦查指挥中心专线联网。

信息化建设让人惊叹

"检察委员会是人民检察院在检察长主持下的议事决策机构，按照民主集中制原则，审议决定重大案件和其他重大问题。"接下来，工作人员为代表们演示检委会开会流程。

在最高检检察委员会会议室里，工作人员向代表们介绍了检察委员会制度，以及检委会的职能。在讲解员的指引下，代表们按下了手旁的投票器。当会议室前方的大屏幕上出现崔玉玲代表的面孔时，她很惊讶，气氛一下子热烈起来。讲解员告诉大家，只要一按键发言或投票，影像追踪系统就能立刻显示按键人的面孔。崔玉玲见大家都在看大屏幕，有些不好意思。大声说："你们大家都说句话啊。"引来一阵笑声。随着一声"大家好"，大屏幕又出现了王军代表的形象。

随后，在工作人员的引导下，模拟了检委会成员表决过程。张金成等多位代表拿出手机，拍下了会议室里的一幕，也有代表意犹未尽，在此互相拍照留念。走出会议室时，王军代表对记者说："把你们拍的照片拷贝一份给我，回去后我们也要做简报，让更多的战友了解检察机关和检察工作。"

伴随着最高检工作人员的介绍，代表们先后视察了接访场所、集中处理群众来信室、12309 举报平台和远程视频接访室，近距离体验检察机关如何面对面接待来访群众，亲身感受检察机关接受信件、电话、网络和传真举报的工作流程，现场观摩了最高检、湖北省检察院、武汉市检察院三级检察院联合视频接访情况。

"检察系统的信息化建设程度之高让我很惊讶和叹服。"戴绍安代表说 。"我觉得这种科学的管理模式非常先进，值得我们部队借鉴学习。"崔玉玲代表说。

零距离感受检察信息化建设
10位河南团全国人大代表参观最高检机关

通过观看介绍案管职能的电视专题片，代表们对案管职能有了深入的了解，对电子卷宗和统一业务应用系统的规范化、标准化以及案件信息公开网的公开、透明程度表示赞赏

9月23日，最高人民检察院机关举行第十七次检察开放日活动，邀请河南团10位在京全国人大代表到最高检东区参观座谈。

　　2016年9月23日，最高人民检察院机关举行第十七次检察开放日活动，邀请河南团10位在京全国人大代表来到位于北京市东城区北河沿大街147号的最高检东区参观座谈。简短的欢迎仪式过后，代表们先后参观了检察史陈列室、案件管理中心、大要案侦查指挥中心、行贿犯罪档案查询管理中心、检委会会议室等办案办公场所，并由最高检党组书记、检察长曹建明主持召开座谈会。

参加本次活动的全国人大代表有：中国航空工业集团公司北京光电创新中心副总工程师兼技术总监**羊毅**，中央电视台综艺频道节目主持人、河南省青联荣誉副主席**张泽群**，宇华教育投资有限公司董事长**李光宇**，河南省滑县高平镇周潭村党支部书记、河南省华都建设发展集团有限责任公司党委书记**周国允**，中国三峡画院院长、河南省慈善总会副会长、商城县书法家协会名誉主席**周森**，中国工程院院士、全国人大环境与资源保护委员会副主任委员、中国环境科学院院长、党委副书记**孟伟**，民建中央委员、民建河南省委副主委、北京河南企业商会会长、天明集团创始人兼董事长**姜明**，清华大学法学院教授、中国投资有限责任公司原副董事长、总经理、党委副书记**高西庆**，全国人大常委会委员、外事委员会副主任委员、全国人大常委会原副秘书长**曹卫洲**，全国人大常委会委员、全国社会保障基金会理事会理事长、财政部原部长**谢旭人**。

活动中，代表们畅所欲言，为检察机关如何服务发展大局、充分发挥检察监督职能、加强和改进检察工作积极发表看法，建言献策。

对检察工作有新的了解

"新中国第一位检察长是罗荣桓，罗荣桓是中国军事家、政治家、中华人民共和国元帅，1963年12月16日在北京逝世，毛泽东主席写了两句诗'君今不幸离人世，国有疑难可问谁'。"9月23日下午，代表们在工作人员的引领下参观最高检人民检察史陈列室。

"苏维埃时期就有检察院吗？"张泽群代表问。"1931年11月，中华工农兵苏维埃第一次全国代表大会在瑞金召开，建立了中央工农检察部，在选举中，毛泽东推举何叔衡担任工农检察部人民委员。"最高检办公厅主任王松苗向张泽群代表介绍。

"检察官的制服有所改进，现在检察制服是西装样式，凸显了为人民服务理念，很亲民。不过，原来的检察制服也很好看，肩章、大檐帽，很威严，很有权威性。"在检察制服陈列窗前，曹卫洲代表说道。

参观后离开陈列室时，张泽群代表、周森代表、高西庆代表等纷纷在留言簿上签字，表达参观后的感受。

在案管中心大厅，工作人员介绍了大厅的具体功能，当代表们得知来这里办案律师可以得到"一站式服务"的具体内容时，纷纷赞叹："真的是太方便了！"通过观看介绍案管职能的电视专题片，代表们对案管职能有了深入的了解，对电子卷宗和统一业务应用系统的规范化、标准化以及案件信息公开网的公开、透明程度表示赞赏。

行贿犯罪档案引代表关注

"这里是最高人民检察院侦查指挥中心，沈阳市检察院的同志们你们好！""您好，我们是沈阳市人民检察院，现在我们向最高检侦查指挥中心汇报有关案件办理情况……"在最高检大要案侦查指挥中心，工作人员实景演示了对辽宁省三级检察机关的侦查指挥情况。工作人员告诉代表们，通过这样一种上下一体的侦查指挥系统，最高检就可以顺利地实现对下级检察院侦查的重大案件进行纵向的监督和指导。

"在审讯的同时也能看到吗？"代表提问。"接下来我为大家演示我们如何对下级检察院讯问犯罪嫌疑人、询问证人等侦查活动情况进行实时督察指导。沈阳市检察院，请把画面切换到审讯室……"工作人员立刻作了演示。看过工作人员的演示，张泽群代表说："这相当于我们电视台的现场直播。"姜明代表说："检察机关内部监督十分规范，这非常必要。"

"行贿犯罪档案查询制度是检察机关在新的历史时期适应反腐败的形势和经济社会发展的需要，落实中央反腐败的方针政策、决定和要求而创新实践，也是我们结合工作促进社会诚信建设而进行的重要探索。我们的目标是遏制行贿犯罪，促进社会诚信建设。"工作人员介绍。在行贿犯罪档案查询中心，代表们还了解到，2015年全国检察机关共受理行贿犯罪档案查询362.9万余次，共对有行贿犯罪记录的单位928家次和个人817人次作出了处置。代表们在资料处纷纷拿取相关资料，边走边翻看阅读。

代表们先后参观了检察史陈列室、案件管理中心、大要案侦查指挥中心、行贿犯罪档案查询管理中心、检委会会议室等办案办公场所。

代表们还参观了最高人民检察院检委会会议室，在工作人员的引导下，大家饶有兴趣地坐到检委会委员的席位上，模拟检委会审议表决过程，并纷纷拍照留念。

更好地倾听人民群众的声音

座谈会环节，代表们在充分肯定近年来检察工作取得新进步新成绩的同时，也坦诚相见地提出了许多富有建设性的意见建议。谢旭人代表和张泽群代表建议检察机关加强与公安等相关部门的密切配合，多措并举，严惩电信网络诈骗犯罪。今年以来，最高检连续向社会发布的《关于充分发挥检察职能依法保障和促进非公有制经济健康发展的意见》《关于充分发挥检察职能依法保障和促进科技创新的意见》得到了与会代表的高度认可。孟伟代表和姜明代表建议，检察机关要在司法办案中全面落实两个意见，严格区分法律与政策、罪与非罪的界限，坚持依法平等保护，更好保障非公经济发展和科技创新。高西庆代表和羊毅代表希望检察机关把严防冤假错案作为必须始终恪守的底线，敢于监督、善于监督，健全纠防冤假错案长效机制，让人民群众在每一个司法案件中都感受到公平正义。周国允代表、周森代表建议最高检今后要更加注重加强基层队伍建设，推动基层检察院建设再上新台阶。李光宇代表、曹卫洲代表建议检察机关要一如既往重视代表联络工作，注重运用信息技术和各类新媒体资源，搭建与人大代表面对面、点对点的交流平台，让人民群众与检察院之间建立良性互动的关系。

曹建明检察长认真倾听、仔细记录，对代表们的关切一一作出回应。曹建明检察长感谢各位代表对检察工作提出的真诚意见和诚恳批评。他说，人民立场既是我们党的根本立场，也是检察工作的根本立场。检察机关要坚持一切为了人民，积极顺应人民群众对平安稳定、加快发展和幸福生活的期盼，努力解决人民群众关心关注的问题，实现好、维护好、发展好最广大人民群众的根本利益。要坚持一切依靠人民，尊重人民主体地位，拓宽人民群众有序参与检察工作的渠道，从人民群众意见建议中汲取推动检察工作创新发展的智慧和力量，按照人民群众的期待和要求加强和改进检察工作。

深入检察 "问诊"检察

14位医药卫生界全国人大代表、全国政协委员参观最高检机关

"接访场所和设施非常现代化,来到这里,令人心情舒畅不少。'挂号''分诊''问诊',信访程序和病人去医院就诊的程序有点类似。"周海波代表风趣地说道

入秋的北京,突刮北风,但阻挡不住14位来自医药卫生界的全国人大代表、全国政协委员"探秘"检察机关的热情脚步。2016年9月27日,最高检机关举办主题为"维护医务人员权益、服务健康中国建设"第十八次检察开放日活动,这也是最高检首次专门邀请医药卫生界代表委员参加开放日活动。

参加本次活动的全国人大代表、全国政协委员有:广东省清远市人民医院院长**周海波**代表,山东省滨州畜牧兽医研究院院长**沈志强**代表,内蒙古自治区兴安盟人民医院院长助理、老年病科主任**司艳华**代表,华中科技大学同济医学院附属协和医院院长**王国斌**代表,北京大学首钢医院院长**顾晋**代表,山东中医药大学眼科研究所所长**毕宏生**代表,河北省保定市第一中心医院院长**郭淑芹**代表,江苏省扬州市政协副主席、江苏省苏北人民医院院长**王静成**代表,河南省罗山县中医院妇产科主任**李琦**代表,湖南省长沙医学院院长**何彬生**代表,温州医科大学附属眼视光医院院长**瞿佳**代表,广东省人民医院院长**庄建**代表,白求恩国际和平医院原院长**侯艳宁**委员,中国中医科学院广安门医院院长**王阶**委员。

为涉访涉诉量身打造"问诊"系统

"接待场所占地约7000平方米,分三个区域,室外为排队等候及安检区域,一楼大厅为登记区域,二、三、四楼为接谈区域⋯⋯"9月27日上午,在工作人员的指引下,代表委员们深入最高检举报中心工作一线。

"接访场所和设施非常现代化,来到这里,令人心情舒畅不少。'挂号''分诊''问诊',信访程序和病人去医院就诊的程序有点类似。"周海波代表风趣地说道。

在二、三、四楼的信访区域,各个独立的接谈室座无虚席,接访员正在一对一接谈。面对每一位来访者,接待员都语调平和、面带微笑。

通过观摩接访,沈志强代表感慨地说,有的来访人员情绪激动,一些诉求也不属于检

9月27日,最高检机关举办主题为"维护医务人员权益、服务健康中国建设"第十八次检察开放日活动,这也是最高检首次专门邀请医药卫生界代表委员参加开放日活动。

参观结束后,最高检领导及相关部门负责人和代表委员进行了面对面的互动交流。座谈会上,代表委员纷纷表示,在最高检度过了难忘、充实的一天。

察机关处理范围，但接待人员却能耐心地答疑解惑，令人非常感动。

"让数据多跑腿，让群众少跑路。"在远程视频接访室，代表委员现场观看了最高检、贵州省检察院、贵州省黔东南州检察院三级联合视频接访的录像。

"通过网络实现'面对面'接访，减轻了上访群众劳累奔波之苦，检察机关办理涉法涉诉案件更加便捷高效，促进了社会矛盾有效化解。"王国斌等代表对检察机关运用信息化技术提高办案效率表示肯定。

行贿犯罪档案查询就像一堵"防火墙"

9月27日下午，代表委员们在最高检工作人员的陪同下，来到位于北京市东城区北河沿大街147号的最高检东区。

在人民检察史展览陈列室，珍贵的史料和文物把代表委员们带入了人民检察80多载曲折辉煌的风雨发展历程中。"恢复重建36年，先后有7位检察长上任。在每位检察长任期内，都会有新的改革和创新，检察工作越来越被群众认可……"顾晋等代表在场纷纷感叹。

"检察机关行贿犯罪档案查询和银行失信档案查询有什么不同？""公司申请行贿犯罪档案查询需要什么资料？"最高检行贿犯罪档案查询管理中心引起了代表委员的浓厚兴趣。

工作人员讲解说，近年来，最高检先后与国家发改委、住建部、交通部、水利部下发相关文件，分别对在招标投标活动、工程建设领域开展行贿犯罪档案查询作了明确规定，要求对经查询有行贿犯罪记录的单位和个人在招标投标，供应采购，资质审查、许可，招标代理、企业信用等级评定等方面采取一定限制性措施，形成了联合惩戒机制。

"国家越来越重视反腐工作，行贿犯罪档案查询就好像一堵'防火墙'，大大减少了行贿犯罪发生机会，在彰显社会公平的同时，又向老百姓倡导了廉洁、守法的理念。我们医疗行业招投标过程中，应该充分利用这个系统！"毕宏生代表感慨道。

严惩暴力伤医犯罪，共同维护和谐医疗秩序

参观结束后，最高检检察长曹建明等院领导及相关部门负责人和代表委员进行了面对面的互动交流。座谈会上，代表委员纷纷表示，在最高检度过了难忘、充实的一天。

作为开放日特邀嘉宾，国家卫生和计划生育委员会医政医管局局长张宗久特别提出："医务人员涉嫌职务犯罪很重要的一个原因是法律知识缺乏，希望检察机关强化法律宣传，为医务人员提供法律援助。"

对此，曹建明回应说，按照大家的意见建议，检察机关将加强与食品药品、卫生等监管执法部门的协作配合，积极预防和依法查办医疗行业领域的职务犯罪，确保国家发展健康事业的各项政策和资金真正落到实处、起到实效。

当科技遇上检察

12 位科技界全国人大代表、全国政协委员参观最高检机关

"哪些人会进入这个名单呢？"在行贿犯罪档案查询管理中心，马玉璞代表提问。

"录入行贿犯罪档案库的都是法院生效判决、裁定的案件信息。"工作人员回答说

    2016 年 10 月 20 日，最高人民检察院举行以"强化法律监督职能，服务保障科技创新"为主题的第十九次检察开放日活动，邀请部分科技界全国人大代表、全国政协委员到最高检机关参观座谈。

    "举办这次检察开放日活动，是想让科技界的人大代表和政协委员走进检察机关，近距离地了解检察工作，当面听取大家对检察机关服务科学技术创新发展、打击侵犯知识产权、防范科技创新犯罪等工作的意见和建议，帮助我们进一步加强和改进我们的工作，更好地为创新型国家和世界科技强国建设提供有力的司法保障。"最高人民检察院检察委员会专职委员陈连福在欢迎仪式上致辞时表示。

    参加本次活动的全国人大代表、全国政协委员有：中国船舶重工集团公司第七二五研究所所长马玉璞代表，广西农业科学院水稻研究所所长、杂交水稻研究中心主任、作物品种资源研究所副所长龙丽萍代表，全国人大环境与资源保护委员会委员、致公党中央常委、国家海洋局总工程师吕彩霞代表，广东省社科院产业经济研究所所长向晓梅代表，天津电气科学研究院有限公司副总工程师许希代表，中国科学院和第三世界科学院院士、清华大学原子分子纳米科学研究中心主任李家明代表，江西省景德镇市珠山区新村街道梨树园社区党支部书记、主任余梅代表，山东东岳集团首席科学家张永明代表，中国航天三江集团公司型号总体设计所总设计师、型号总体设计所科技委主任胡胜云代表，中创软件工程股份有限公司董事长兼总裁景新海代表，国家纳米科学中心主任王琛委员，中国科学院微电子研究所副所长周玉梅委员。

看得仔细　问得认真

    "这个小木箱是做什么用的？"在参观检察史陈列室时，余梅代表问身边的工作人员。余梅是 12 名代表中唯一非科技界代表，不久前曹建明检察长在江西调研与代表委员座谈时，

代表委员们参观最高人民检察院远程视频接访室。

余梅提出一个要求，希望有机会到最高检参观学习，这次与科技界代表一同被邀请参加这次检察开放日，余梅感到很惊喜。

"这是中华苏维埃时期的控告箱。中国共产党自中央苏区创建政权伊始就十分重视反腐倡廉建设，1931 年 11 月，中华苏维埃共和国临时中央政府在江西瑞金成立，临时中央政府下设多个部门，中央工农检察部便是其中之一，该部下设有控告局。这个控告箱捍卫了中国共产党的民主监督机制，真实地记录了我党反腐倡廉的有力举措。"工作人员解释说。

"很有价值，值得很好地保留。"向晓梅代表说。

"接待辩护人和诉讼代理人是我们案件管理部门非常重要的一项职责。现在由我们案件管理部门提供一站式服务，非常便捷，从去年开始，最高检在全国检察机关推广电子卷宗，现在律师到检察院来直接可以看电子卷宗，我们甚至可以事先刻录一个光盘，律师可以带回去看。"在案件管理中心，工作人员向代表们详细介绍了案管部门的职责。

"哪些案件能够到最高检？""我国法律与欧美法律的区别，公安侦查、检察院侦查与纪委办案有什么区别？"李家明代表向工作人员询问。"有什么标准吗？"龙丽萍代表追问道。工作人员对代表们提出的问题一一进行了回答。

"全国各地检察院的案件审理情况都能看到吗？"胡胜云代表问。工作人员随机点开

代表委员参观最高检大要案指挥中心。

了北京市海淀区检察院的页面，该院案件审理情况立刻呈现在代表们眼前。

"这是最高检内网工作情况，下面介绍一下外网情况。这是最高人民检察院案件信息公开网……"随着工作人员的讲解，代表们对检察机关检务公开情况有了进一步了解。

加深理解　由衷点赞

"为了充分发挥法律监督职能作用，有效遏制贿赂犯罪，促进诚信建设，服务经济社会科学发展，人民检察院实行行贿犯罪档案查询制度。"在行贿犯罪档案查询中心，工作人员向代表委员介绍了行贿犯罪档案查询制度以及如何进行查询。

"哪些人会进入这个名单呢？"在行贿犯罪档案查询管理中心，马玉璞代表提问。"录入行贿犯罪档案库的都是法院生效判决、裁定的案件信息。"工作人员回答说。

随后，代表委员来到最高检群众来信集中处理中心。"每一封来信都得手工录入吗？"听取完来信来访接待工作情况汇报，望着地上十多麻袋的群众来信，李家明代表发出疑问。"按规定，我们必须把所有来信录入电脑进行有效的审查分流。"工作人员回应说。"那工作量不得了……"大家纷纷议论开来。

近距离的了解，让代表委员们对检察工作产生了更多的理解和支持。从一个疑难复杂案件需要数次提交检委会讨论，到启用同步录音录像防止刑讯逼供到对"12309举报平台"举报案件答复等，代表委员们纷纷表示，检察工作"也不好干"。

作为来自科技界的代表委员格外关注科技强检的内容。当详细了解了人民检察院案件信息公开网、大要案侦查指挥中心、"12309举报平台"、远程视频接访系统等的运行原理和作用意义后，不由得发出一阵阵赞赏之声。结束半天视察工作后，当天下午，代表委员一道与最高人民检察院检察长曹建明进行了座谈。

为检察改革建言献策

11位法律界全国人大代表、全国政协委员参观最高检机关

平均每年处理群众来信40多万件,对于这一数字,蔡学恩代表惊呼"我的天哪",连连说:"没想到,没想到"

2016年11月18日,最高人民检察院举行第二十次"检察开放日"活动,邀请11位法律界全国人大代表、全国政协委员到最高人民检察院参观座谈。这是最高检自2010年举办"检察开放日"活动以来,首次专门面向法律界代表委员举办活动。这次"检察开放日"活动的主题是"推进以审判为中心的诉讼制度改革"。

9点30分,最高人民检察院相关负责人在大厅举行了简短的欢迎仪式。当天的活动包括参观和座谈两大部分。上午,在办公东区,主要参观检察史陈列室、检委会会议室、案件管理中心、大要案侦查指挥中心及行贿犯罪档案查询管理中心。办公东区参观结束后,大家统一乘车前往办公西区,参观最高检接访场所及集中处理群众来信等区域。下午,最高人民检察院党组书记、检察长曹建明等最高检领导、检委会专职委员和相关部门负责人与代表委员座谈交流,面对面听取大家的意见和建议。

参加本次活动的全国人大代表、全国政协委员有:北京市人大常委会原副主任**马振川**代表,江苏瑞信律师事务所主任、江苏省律师协会副会长**刘玲**代表,最高人民法院咨询委员会委员、浙江省高级人民法院原院长**齐奇**代表,北京市天达共和律师事务所主任**李大进**代表,黑龙江省龙电律师事务所主任**李亚兰**代表,全国人大法律委员会委员、清华大学法学院教授、中国司法研究中心主任**周光权**代表,最高人民法院咨询委员会委员、广东省高级人民法院原院长**郑鄂**代表,山东鸢都英合律师事务所主任**高明芹**代表,湖北得伟君尚律师事务所首席执行合伙人**蔡学恩**代表,中华全国律师协会会长、北京市金杜律师事务所管委会主席**王俊峰**委员,四川国浩律师事务所合伙人、四川省律师协会监事长**施杰**委员。

老朋友 新感觉

"这是延安时期审判黄克功案件,这是首届检察长的选票情况,这是审判日本战犯,这是审判林彪、江青反革命集团,公益诉讼试点、打击暴恐、人民检察院信息公开网……"

随着工作人员的引导和讲解，代表们边听边看。一张《十八大以来检察机关起诉省部级以上干部职务犯罪案件情况一览表》引起代表委员的特别关注，图片中周永康、薄熙来、令计划等案件审理情况——展现。

"截至2016年10月，已经完成起诉人数75人。"最高检办公厅主任王松苗介绍说。代表们不时用手机拍下这些资料。

来到检委会会议室，代表委员们听取有关检委会制度的介绍，详细询问了检委会委员表决程序，体验了视频跟踪系统、按下了表决器……在工作人员的指引下，扮演了一回"检察委员会委员"的角色。

"检察开放日，在最高检检委会会议室，一个不小心坐在首席大检察官的位置上。"参观活动还没有结束，施杰委员就把照片分享到了微信朋友圈。

多位代表委员不止一次走进最高检，可以说是检察机关的"老朋友"，而这一次感觉不一样。施杰委员说："以往来最高检都是参加座谈会，这样的参观还是第一次。"

信息化建设受关注

在案件管理中心，代表委员对案管中心的具体工作进行了详细了解。"这是一个故意伤害案件，这是案卡……"工作人员随机打开一个页面，对案件管理系统的具体功能进行了操作演示，代表委员通过系统实时查阅了地方检察机关案件办理情况。

代表委员对律师会见、律师阅卷等问题格外关注，通过参观，代表委员们了解到人民检察院案件信息公开网自2014年11月在全国正式上线运行，对案件信息不仅做到公开而且追求主动公开、及时公开，对此，

在"12309举报平台"，代表委员对接待群众举报的具体工作进行详细了解。

蔡学恩代表（左）详细了解来信来访接待工作。

代表委员纷纷表示赞赏。

随后，代表委员们来到侦查指挥中心，与最高检、辽宁省检察院、辽宁省营口市检察院、营口市老边区检察院四级检察院反贪部门的检察官进行了实时联通，最高检指挥、监督地方各级检察院查办职务犯罪案件工作的情况展现在代表委员面前。

"讯问职务犯罪嫌疑人同步录音录像能保存多久？"对于大家关心的问题，工作人员一一解答，并希望大家多多关注同步录音录像工作并提出宝贵意见建议。

接下来，代表委员们参观了行贿犯罪档案查询管理中心，了解了犯罪档案查询制度的应用情况。工作人员介绍说："这项制度实际上是一项重要的社会化工作，有很多部门参与，近十年来，该制度为社会各界提供了大量的查询服务，目前已经成为招投标工作中一个必经的程序，成为工程监管和行业从业风险防控的一项重要内容。据统计，2008年到2015年，共受理查询950多万次。"对此，代表们鼓掌表示赞许。

为创新服务点赞

"三大诉讼法修改之后，最高检的信访量急剧攀升，为了给群众一个更好的信访环境，最高检决定改建群众来访接待场所，新建的接待场所于2015年6月15日正式投入使用。"

代表委员们在检委会会议室参观。

　　在律师接待窗口，蔡学恩代表询问了窗口设置情况，最高检控告检察厅厅长宫鸣介绍说："这是为落实中政委去年推进的律师参与接待信访制度而设置的律师接待窗口，楼上还设有专门的律师接待室。"

　　在来访接待监控室，代表委员看到，监控系统对来访、安检、接待全过程实行全程、无死角实时监控。

　　"监控系统第一是能够为群众提供快捷有效的服务，第二是对检察人员的接访行为规范化进行监督。"工作人员一边介绍，一边回放了前一天接待辽宁省大连市一名来访人员在安检过程中，查出来访人员带有管制刀具的情况。代表们深感接访工作的不容易，刘玲代表说："第一个与来访人员见面的接待人员面临的危险性最大。"李亚兰代表说："要有一个机制，加强接待人员人身安全的保护。"

　　在集中处理群众来信室，3天以来的群众来信装了几个袋子整齐地摆放在地上，工作人员对这些信件一一开封、鉴定，并进行数量统计。在集中审查处理室，工作人员对所有群众来信进行分类、录入。刘玲代表说："每年'两会'听曹建明检察长的报告，提到的就是一个数字。没想到，在这个数字的背后，有这么多人付出这么多的辛苦和劳动。"

平均每年处理群众来信 40 多万件，对于这一数字，蔡学恩代表惊呼"我的天哪"，连连说："没想到，没想到。以往在我们的印象中，以为群众的上访信件可能都不一定拆开看，没想到检察机关是这样的处理过程，件件有结果。"

在"12309 举报平台"、远程视频接访室，代表委员看到工作人员接待群众电话举报的工作情况和远程视频接待群众信访的工作情况，看到检察机关为鼓励和方便群众举报，不断畅通举报渠道、创新举报措施，大家纷纷点赞。

互动交流　坦诚相见

下午 2 点 30 分，座谈会开始。座谈会由最高人民检察院检察长曹建明主持召开，旨在听取各位代表委员对检察机关如何贯彻落实以审判为中心的刑事诉讼制度改革要求，以及如何做好检察工作的意见建议。

在座谈发言中，各位代表委员在充分肯定近年来检察工作取得新成绩、检察改革迈出新步伐的同时，对检察机关如何适应以审判为中心的刑事诉讼制度改革，进一步加强诉讼监督、贯彻证据裁判要求、维护司法公正，建立良性互动的检警、检法、检律关系，统筹推进司法责任制改革、员额制改革等提出了很多中肯、富有建设性的意见建议。

认真听取大家的发言后，曹建明表示，推进以审判为中心的刑事诉讼制度改革，是党从全面推进依法治国、加快建设社会主义法治国家出发，完善中国特色社会主义司法制度和刑事诉讼制度的重大改革部署。各级检察机关要深入学习贯彻习近平总书记重要指示精神，严格贯彻证据裁判要求，着力构建新型检警、检法、检律关系，与法律界同行一起，推动改革任务落到实处，共同维护司法公正和法治权威。

检察工作足迹

148件代表建议最高检全部办理完毕

2016年,最高检共承办代表建议148件,其中,独办21件、分办11件、主办41件、协办69件、参阅办理6件。目前,已按要求全部办理完毕并答复代表

2016年11月16日至17日,全国人大代表建议办理工作座谈会在兰州召开。全国人大常委会办公厅联络局局长孔平表示,十二届全国人大四次会议代表共提出建议8609件,数量创历届历次新高。最高人民检察院办公厅人民监督工作办公室负责人在会议上汇报时称,2016年,最高检共承办代表建议148件,其中,独办21件、分办11件、主办41件、协办69件、参阅办理6件。目前,已按要求全部办理完毕并答复代表。

代表建议重点关注三类问题

"通过对148件代表建议进行认真梳理、分析和研究,我们发现2016年代表建议主要涉及制定、修改有关法律和司法解释,强化检察机关法律监督职能,深化司法改革,加强检察队伍和基层基础建设等问题。"据负责人介绍。

民生问题始终是代表关注的焦点。赵长义代表长期关注检察机关加强生态环境司法保护工作。2016年"两会"上,他专门提出《关于进一步发挥检察机关在生态环境保护方面法律监督作用的建议》,希望检察机关在生态文明建设中发挥积极作用,进一步织密法网,守护"青山绿水"。"除了环境资源和食品药品等民生问题,代表还紧紧围绕党和国家工作大局,特别是'十三五'规划的实施,就服务经济发展、保障和改善民生提出建议。"负责人表示,这类建议约占15%,主要包括平等保护非公企业、依法保障金融管理和创新、严厉打击证券和非法集资犯罪等问题。

"代表对司法改革也给予了高度关注,这类建议约占45%,排第一位。"负责人说,内容主要涉及员额制改革、检察官职业保障、公益诉讼制度改革。同时,代表紧贴检察改革,建议进一步加强检察机关的诉讼监督职能,如推进对公安派出所刑事侦查活动的监督、加强强制医疗和暂予监外执行检察监督、强化民行检察监督提升检察建议效力等建议约占28%。比如郑雪君代表提出的《关于深化人民检察院司法改革的建议》,从深化检察体

全国人大代表出席第十二届全国人民代表大会。

制改革、推进公益诉讼制度改革、强化民事行政诉讼监督等方面积极为检察改革出谋划策。

此外，代表还结合社会热点，紧扣社会发展中的突出问题和矛盾，积极提出意见建议。电信诈骗是陈伟才代表连续 6 年关注的问题。2016 年"两会"，陈伟才等 10 名代表提出《关于制定电信诈骗司法解释的建议》，他说，"这是关系群众切身利益、影响民生的工程。近年来国家有关部门加大了对电信诈骗的打击力度，但形势依然严峻，我还会一直提下去"。另外，代表还针对校园暴力和依法保护未成年人合法权益问题，建议健全未成年人保护法律体系、完善预防未成年人犯罪工作；针对电信诈骗和虚假诉讼问题，建议严厉打击电信诈骗、加大打击虚假诉讼行为力度、对虚假诉讼犯罪出台司法解释等，这类建议约占 12%。

"这 148 件建议里，大多数是代表通过专题调研、视察、座谈、走访等形成，件件关乎百姓，关注社会热点、难点问题，具有很强的针对性和建设性。"负责人介绍。

既坚持"文来文往"，又做到"人来人往"

据介绍，最高检始终将与代表的联系沟通作为办理工作必需的环节，确立"办理前联系、办理中沟通、办理后回访"的联系沟通机制。除了利用信函、电话、电子邮件、微信，还采取走访、座谈等方式与代表进行面对面交流与沟通，并及时跟踪回访听取反馈意见。

2016 年"两会"期间，何建忠代表提出了《关于全面推广"预防职务犯罪邮路"工作的建议》。让他惊喜不已的是，在与承办部门负责人电话沟通不久后，最高检专门成立工作组，会同国家邮政局、中国邮政总公司相关部门负责人赴江苏泰兴市实地调研考察"预防邮路志愿者之家"工作运行情况，并与何建忠进行面对面座谈交流。何建忠说，"感谢最高检对我建议的高度重视，建议办理得很好，我很满意"。

"总体来说，我们既坚持'文来文往'，又做到'人来人往'，还要'走出去、请进来'，面对面听取代表意见建议。"负责人说，对希望参与建议办理的代表，我们会积极创造条件，邀请代表参加调研、执法检查，与代表共同研究解决建议所反映的突出问题。

来自解放军团的王军、费玲等代表重点关注军人军属权益保护。围绕他们提出的《关于依法维护基层官兵合法权益的建议》和《关于解决军人家庭涉法问题的建议》，最高检于 2016 年 7 月 29 日举行以"加强军地协作，维护军人权益"为主题的开放日，邀请解放军团代表到最高检参观、座谈，当面听取代表对检察工作和办理代表建议工作的意见建议。

2016 年"两会"期间，最高检派员认真记录代表意见建议。

王军感慨，"最高检主动邀请解放军团代表参与调研、开放日活动，对提出的建议也当面真诚答复，足以看出最高检工作越来越接地气，对代表意见建议也越来越尊重"。

"除了采取多种方式与代表沟通交流，2016年我们代表建议办理工作还有一大亮点，就是对2013年至2015年B类答复建议进行梳理并建立台账，分交15个内设机构结合答复代表时的工作计划和工作进展情况，再次认真研究起草答复意见，逐一向代表反馈。"负责人说。

最高检主动联系、加强沟通的做法得到了代表充分肯定，表示将更好地发挥人大代表职能作用，积极提出议案和建议，一如既往地帮助、支持、监督检察机关加强和改进工作。

李泽林代表对此深有感触，"最高检作为建议的协办单位，在第一时间联系代表并反馈意见，体现了检察机关对代表联络工作的高度重视和对代表建议的充分尊重"。

黄惠玲代表在当面听取承办人的情况介绍后，表示对检察机关近年来为不断加强未检专业化建设做出的努力有了更清晰的了解，最高检采取的各项措施是务实的，也非常感谢最高检对建议的认真研究。

办理工作关键在于取得实效

"最高检主动将代表建议办理工作与研究部署检察工作紧密结合起来，认真吸纳建议中的合理化内容，注重办理工作的落实。"负责人说。代表所提问题及意见建议多数已列入检察工作计划解决或正在解决。

围绕电信诈骗、食品药品安全、打击虚假诉讼等社会热点问题，陈伟才等10名代表提出《关于制定电信诈骗司法解释的建议》。对此，最高检积极加大对司法解释适用的指导力度，会商最高法、公安部针对电信诈骗犯罪出现的案件管辖、入罪标准、犯罪事实认定，以及银行、电信企业等在电信诈骗犯罪过程中有无过错、责任承担等问题，共同研究制定司法解释文件，以进一步指导实践办案。

检察机关查办和预防职务犯罪工作是代表关注的重点。结合何建忠代表提出在全国范围内推广"预防邮路"工作，构建"惩治腐败无禁区，预防腐败无盲区"的立体化防治网络的建议，最高检与中国邮政集团公司联合印发《关于联合开展"预防职务犯罪邮路"活动的指导意见》，要求各级检察机关和邮政部门以预防职务犯罪传播廉政理念为出发点，建立覆盖城乡的预防职务犯罪志愿者网络，拓展预防职务犯罪邮路平台服务功能，积极开展职务犯罪预防宣传，推动党风廉政建设和预防职务犯罪工作全面深入开展。2016年以来，最高检领导地方各级检察机关采取切实有力措施，加大办案力度，1至8月共立案查办涉农扶贫领域职务犯罪案件8000余人，环境保护领域职务犯罪案件800余人。

针对我国2016年加大境外追逃追赃力度情况，杨震代表提出引入刑事诉讼缺席审判制度，在法律上固化引渡常规替代措施，制定专门化的刑事合作法律。对此，最高检与最高法将联合出台相关司法解释，针对代表建议中提到的境外公告送达、公开审理、公布判决结果和请求外国承认与执行我国没收裁定的刑事司法协助等具体诉讼程序问题，予以明确和规范。同时，积极向中央纪委、全国人大法工委提出出台相关刑事政策、完善相关立法的建议。

在未成年人保护工作方面，黄惠玲等 12 名代表《关于健全完善未成年人保护法律体系的建议》和张坚代表《关于进一步完善预防未成年人犯罪工作的建议》，均积极建议进一步修订完善相关法律，全面建立未成年人社会保护机制。2016 年 4 月，最高检发布《关于加强未成年人检察工作专业化建设的意见》，要求各地检察机关加强专门机构和专门办案组织建设、建立专门工作模式和评价机制、加强专业化队伍建设。截至目前，全国四级检察机关共成立有独立编制的未检机构一千多个。另外，从 6 月开始，最高检与教育部还联合印发了《关于开展"法治进校园"全国巡讲活动的方案》，组织为期三年的"法治进校园"全国巡讲活动，向全国中小学生普及法律常识。

结合代表建议深入开展司法改革

"除了把代表建议作为修改完善相关立法和制定司法解释的重要参考依据，最高检还结合代表建议，深入开展中央部署的司法改革工作，不断加大检察改革力度。"负责人表示。

围绕司法改革工作，吴青、朱列玉、郑雪君、康为民等代表从深化检察体制改革、推进公益诉讼制度改革、强化民事行政诉讼监督等方面提出了许多针对性建议。以公益诉讼改革为例，最高检发布《人民检察院提起公益诉讼试点工作实施办法》，在北京、内蒙古、吉林等 13 个省份开展公益诉讼试点工作。截至 2016 年 8 月底，各试点地区检察机关共在履行职责中发现公益诉讼案件线索 2206 件，办理诉前程序案件 1237 件，已向人民法院提起公益诉讼案件 42 件，法院审理后作出判决 8 件，均支持了检察机关的诉讼请求。

"接下来，最高检将对试点整体工作情况进行梳理总结，并向全国人大常委会作出中期报告。试点期满后，根据实践情况适时提请全国人大常委会修改完善有关法律，尽快在全国范围内推开检察机关提起公益诉讼工作。"负责人说。

在加强和规范检察机关对行政违法行为的监督方面，最高检目前已经起草了《关于开展人民检察院对履行职责中发现的行政违法行为进行监督试点工作的意见》等相关改革文件，待成熟后提请审议。关于检察体制改革，最高检根据中央总体部署，积极与中政委、中组部、人社部、财政部等协调沟通，先后下发了《人民检察院工作人员分类管理制度改革意见》《法官、检察官单独职务序列改革试点方案》《关于建立法官检察官逐级遴选制度的意见》等指导性文件，着力推进和深化司法体制改革。

许多人大代表对检察队伍建设给予了极大关心，尤其是对当前中西部欠发达地区和基层检察院普遍存在的人少案多、急需增加人员编制问题给予高度关注。针对姚民和等9名代表提出的《关于基层检察工作的建议》、赵素华代表提出的《关于进一步完善派驻检察室的建议》、邓瑞代表提出的《关于进一步支持边疆民族地区法官、检察官队伍建设的建议》等建议，最高检积极采取措施，推动相关问题的解决和落实。

针对办案用房和专业技术用房建设问题，最高检已将适时修订"两房"建设标准，制定实施"两房"设计规范的有关内容纳入"十三五"时期检察工作发展规划。同时，进一步加强与国家发改委、住建部、财政部沟通，推动"两房"建设新发展。针对基层检察室建设问题，最高检在《关于深化检察改革的意见（2013-2017工作规划）》中，专门提出"规范派出检察室设置标准、职能权限和派出主体"，将规范基层检察室建设纳入改革项目，并指导各地进行实践探索，取得初步成效。针对边疆民族地区检察官保障问题，在推进省以下编制统一管理改革中，督促省级检察院积极协调省级编制管理部门，在分配编制时对边疆民族地区检察院予以倾斜，尽力解决人少案多的矛盾。

加强侦查监督　维护司法公正

2016年11月5日，最高人民检察院检察长曹建明在第十二届全国人民代表大会常务委员会第二十四次会议作《最高人民检察院关于加强侦查监督、维护司法公正情况的报告》

2016年11月5日，最高人民检察院检察长曹建明在第十二届全国人民代表大会常务委员会第二十四次会议作《最高人民检察院关于加强侦查监督、维护司法公正情况的报告》（下称报告）。

曹建明在报告中说，在以习近平同志为核心的党中央正确领导下，在全国人大及其常委会有力监督下，全国检察机关全面贯彻党的十八大和十八届三中、四中、五中全会精神，深入学习习近平总书记系列重要讲话精神，积极投入平安中国、法治中国建设，忠实履行宪法法律赋予的职责，各项侦查监督工作取得新进展。

曹建明说，近年来，检察机关紧紧围绕平安中国建设，深入分析社会治安状况，依法惩治犯罪、维护社会秩序。2013年1月至2016年9月，共批准逮捕各类刑事犯罪嫌疑人3248058人，不批准逮捕819098人。

曹建明在报告中表示，检察机关强化对侦查活动的监督，坚决纠正刑讯逼供、非法取证、漏捕漏诉、滥用强制措施、违法查封扣押冻结财物等侦查违法行为。2013年以来，共书面纠正侦查活动违法175062件次，侦查机关采纳率为91.5%；对应当逮捕而未提请批捕、应当起诉而未移送起诉的，追加逮捕98645人，追加起诉108463人；对侦查活动违法涉嫌职务犯罪的，依法严肃查处。针对侦查环节存在的共性问题，探索开展类案监督，及时向公安机关通报。为破解侦查活动监督线索发现难、监督效率不高等问题，2012年，深圳检察机关在公安机关大力支持下，依托信息化手段，探索建立侦查活动监督平台，明确34类294个侦查活动监督项目，检察官在办案时逐一对照审查。2015年12月，广东省人民检察院与省公安厅共同部署在全省使用。最高人民检察院总结推广"广东经验"，并在四川等9个省份开展试点。

曹建明说，各级检察机关牢固树立监督者更要接受监督的意识，重视加强对职务犯罪侦查活动的监督。2013年以来，共决定逮捕贪污贿赂、渎职侵权等职务犯罪嫌疑人67188人，

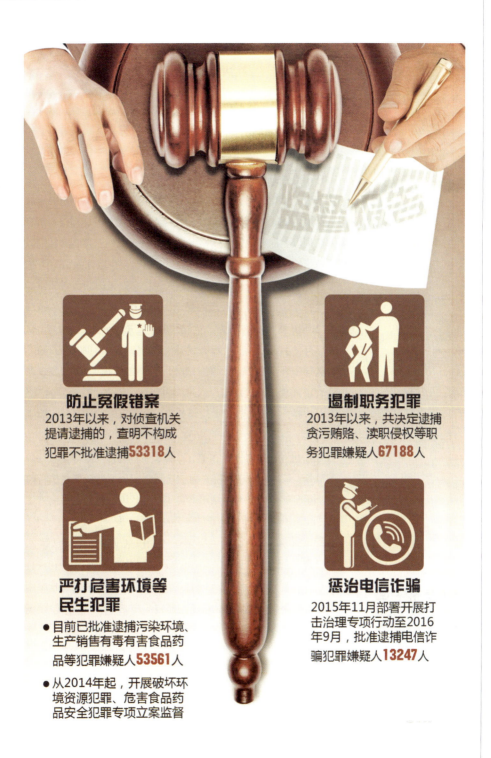

防止冤假错案
2013年以来，对侦查机关提请逮捕的，查明不构成犯罪不批准逮捕**53318**人

遏制职务犯罪
2013年以来，共决定逮捕贪污贿赂、渎职侵权等职务犯罪嫌疑人**67188**人

严打危害环境等民生犯罪
●目前已批准逮捕污染环境、生产销售有毒有害食品药品等犯罪嫌疑人**53561**人
●从2014年起，开展破坏环境资源犯罪、危害食品药品安全犯罪专项立案监督

惩治电信诈骗
2015年11月部署开展打击治理专项行动至2016年9月，批准逮捕电信诈骗犯罪嫌疑人**13247**人

决定不逮捕 7077 人。侦查监督、公诉部门对职务犯罪侦查工作中妨碍律师会见、违法指定居所监视居住、违法查封扣押冻结涉案财物等提出书面纠正意见 1070 件次。一是严格实行省级以下检察院直接立案侦查案件由上一级检察院审查决定逮捕制度，改变过去职务犯罪案件立案、逮捕均由同一检察院决定的做法，强化上级检察院对下级检察院办案工作的监督，严把职务犯罪案件审查逮捕关，职务犯罪嫌疑人不捕率由 2012 年的 6.9% 逐年上升至 2015 年的 9.2%。二是认真落实提前介入侦查引导取证制度。最高人民检察院专门出台规定，明确对可能判处十年有期徒刑以上刑罚的贪污贿赂案件或者可能判处三年有期徒刑以上刑罚的渎职侵权案件，侦查监督、公诉部门可以介入案件侦查，监督和引导取证。三是制定实施人民检察院讯问职务犯罪嫌疑人实行全程同步录音录像的规定，明确要求讯问职务犯罪嫌疑人必须按照"全面、全部、全程"的要求进行同步录音录像。从 2013 年 1 月起，在报请审查逮捕、移送审查起诉时，必须随案移送同步录音录像资料。侦查监督、公诉部门认真审查，发现非法取证或者讯问笔录与录音录像内容有重大实质性差异的，坚决予以排除。四是全面实行职务犯罪案件审查逮捕讯问犯罪嫌疑人和听取律师意见制度，拓宽发现和纠正侦查违法行为渠道。五是强化对指定居所监视居住、延长侦查羁押期限等重点环节的监督。最高人民检察院先后制定对指定居所监视居住实行监督、办理延长侦查羁押期限案件等规定，颁布职务犯罪侦查工作"八项禁令"，坚决防止侦查违法行为的发生。六是深化司法公开，稳步推进职务犯罪立案信息、逮捕信息、侦查终结信息等"八项公开"。七是会同司法部深化人民监督员制度改革，由司法行政机关独立选任和管理人民监督员，对职务犯罪侦查工作中应当立案而不立案、拟撤销案件、犯罪嫌疑人不服逮捕决定、违法查封扣押冻结涉案财物等"11 种情形"进行监督。

针对冤假错案的防范，曹建明说，检察机关坚持罪刑法定、疑罪从无、非法证据排除等原则，严把事实关、证据关、程序关和法律适用关，防止"起点错、跟着错、错到底"。最高人民检察院深刻总结冤错案件教训，先后颁布切实履行检察职能防止

浏览报告全文
请扫描二维码

和纠正冤假错案、调查核实侦查违法行为等指导意见，突出强调全面贯彻证据裁判规则，既审查有罪和罪重证据，又审查无罪和罪轻证据。加大对违法取证行为的调查核实力度，不能排除非法取证嫌疑的，不作为逮捕依据。2013 年以来，对侦查机关提请逮捕的，查明不构成犯罪不批准逮捕 53318 人。河北省保定市和顺平县两级检察院审查"王玉雷故意杀人案"时，在犯罪嫌疑人已经承认故意杀人的情况下，针对多处疑点，坚决排除非法证据，作出不批准逮捕决定，并引导公安机关调整侦查方向，最终抓获真凶。

在报告当前侦查监督工作存在的问题时，曹建明坦言，近年来，检察机关侦查监督工作取得积极成效，但仍存在不少突出问题：侦查监督理念存在偏差，侦查监督作用发挥还不够充分，侦查监督队伍建设亟须加强，侦查监督机制不够完善等。对这些问题，最高人民检察院将高度重视，认真解决。

在报告下一步如何加强和改进侦查监督工作时，曹建明表示，侦查监督是检察机关参与平安中国、法治中国建设的重要途径。党中央对完善检察机关行使监督权的法律制度、加强人权司法保障等提出明确要求。检察机关将认真贯彻党中央部署和全国人大常委会要求，充分履行侦查监督职能，坚持规范司法、精细办案，努力提高侦查监督法治化现代化水平，更好地维护国家安全和社会稳定，更好地保障司法公正和人民权益。一要坚持以法律监督为主线，全面履行侦查监督职能。二要坚持以司法公正为引领，深化司法改革，努力完善侦查监督工作机制。三要坚持以规范司法为重点，着力提升侦查监督工作水平。四要坚持以提升能力为目标，大力加强侦查监督队伍建设。

全国人大常委会组成人员审议侦查监督专项报告

报告实事求是 监督有实效

"这些年侦查监督工作在打击犯罪、保护人权、防错防漏等方面做了大量的努力，取得不少成绩。""报告是实事求是的，工作是努力的，在现有的条件下可以说取得了可喜的成绩。"

"这些年侦查监督工作在打击犯罪、保护人权、防错防漏等方面做了大量的努力，取得不少成绩。"

"报告是实事求是的，工作是努力的，在现有的条件下可以说取得了可喜的成绩。"

"报告非常好，我完全赞同。"

……

2016 年 11 月 6 日上午，参加十二届全国人大常委会第二十四次会议分组审议时，常委会组成人员、列席会议人员高度评价了最高人民检察院检察长曹建明所作的《最高人民检察院关于加强侦查监督、维护司法公正情况的报告》（下称报告），对于检察机关加强侦查监督、维护司法公正的努力和成效一致表示认可。

理念新措施实，侦查监督拓开新局面

"曹建明检察长关于加强侦查监督、维护司法公正情况的报告，我觉得非常好，特别是题目，能把侦查监督这一题目鲜明地打出来、亮出来。"沈春耀委员说，报告中明确确定了侦查监督包括三个方面重要内容——审查逮捕、立案监督和侦查活动的监督，应该向这三个方向深化、推进和拓展。

"依法履行审查逮捕职能，坚决维护国家安全和社会稳定""认真履行立案监督和侦查活动监督职能，努力维护执法公正""强化人权司法保障，依法保护诉讼参与人合法权益"，报告从这三个方面对检察机关近年来履行侦查监督职能、维护司法公正的情况进行全面回顾。

不断完善的机制，扎扎实实的措施，受到了委员们的肯定。莫文秀委员表示，现在看无论是在创新监督的理念、监督的方法方面，还是在监督能力和监督水平方面，都有了很大的增强和提升。郑功成委员表示，检察机关在推进司法公开、加强侦查监督方面已取得

很大的进展，不仅是技术手段的进步，程序上、方式上也都有了很大的改观，已让许多人增强了对司法公正的信心。

检察机关对自身的职务犯罪侦查工作怎么监督？马馼委员十分关注。马馼委员表示，报告用了较多篇幅介绍检察机关怎么监督自己，可以看出检察机关采取了很多措施，保证检察机关自侦案件符合证据标准的要求，这个做得比较好。

在肯定工作成效的同时，与会人员对检察机关进一步发挥监督职能寄予厚望。"法律监督是宪法赋予检察机关的职能，检察机关一定要在强化法律监督上实现不断的拓展和创新。只有监督到位，才能接近公平正义。"王其江委员说。

纠错案护人权，司法公信力明显提升

冤假错案，社会关注度高。检察机关做了哪些努力，成效如何，与会人员也非常关注。

曹建明检察长在报告中说，最高人民检察院深刻总结冤错案件教训，先后颁布切实履行检察职能防止和纠正冤假错案、调查核实侦查违法行为等指导意见，突出强调全面贯彻证据裁判规则，既审查有罪和罪重证据，又审查无罪和罪轻证据。2013 年以来，对侦查机关提请逮捕的，查明不构成犯罪不批准逮捕 53318 人。

对于检察机关防范冤假错案方面的努力和成效，与会人员给予了高度评价。陈蔚文委员说，曹建明检察长的报告，让人很受鼓舞，特别是在纠正错案和监督方面作出很大的成绩。"减少很多冤假错案，也引起了社会很大的反响，这就是成绩。"邓昌友委员表示。

在坚决防范冤假错案的同时，检察机关也在不断地强化人权司法保障。报告指出，检察机关认真履行羁押必要性审查职责，对逮捕后不需要继续羁押的115560名犯罪嫌疑人，建议予以释放或者变更强制措施，有关部门采纳率为92.3%。

"2013年核查出羁押3年以上没有结案的就有4459人，到目前已经全部清理完毕，这非常不容易。"马驰委员对检察机关推进超期羁押、久押不决的案件专项清理工作取得的显著成效十分肯定。

"检察机关坚持直面问题、直面矛盾、直面短板，坚守公平公正的价值取向，坚持实事求是、有错必纠，依法纠正了一批冤错案件，提升了人民群众对司法的信心。"全国人大代表赵郁说。

"我们感觉这些年大家对法治的理解，以及司法公正和执法力度都有很深的感受，老百姓都非常认可。"全国人大代表何寄华很有同感。

思路清问题准，维护公正重任在肩

用数据和事例"说话"，报告的这一鲜明特色受到与会人员广泛好评。

王胜明委员说，最高人民检察院关于加强侦查监督、维护司法公正情况的报告很好，报告中大量数字反映了检察机关在侦查监督方面取得的工作实绩。

"这么多深刻的教训，从反面也证实，非常需要加强对侦查这个环节的监督工作。"沈春耀委员说。

讲成绩，也要讲问题。总结过去，面向未来。在报告中，曹建明检察长对当前侦查监督工作存在的问题和下一步的部署向大会进行了汇报。对此，与会人员也纷纷表示赞赏。

"我认为最高人民法院和最高人民检察院非常认真地总结了有关方面的工作，提出了问题和下一步的建议，都是非常严肃认真的。"郎胜委员说。

令狐安、何晔晖等委员在发言中都表示，报告实事求是地介绍了促进司法公正情况的成绩，也实事求是地找出了问题，问题找得准确，下一步的工作意见和措施针对性强。

"报告对当前检察机关开展侦查监督活动中存在的检察机关自身对侦查监督活动重视程度不够、监督效果不明显、相关法律依据不健全等问题进行了分析，具有非常强的现实针对性，并对进一步完善侦查监督职能，规范公安机关侦查权的行使进行了制度设计，进行了有益的探索实践活动，思路清晰，操作性强。"全国人大代表赵郁发言时说。

审议中，委员们在充分肯定报告的同时，也对进一步强化侦查监督、维护司法公正表达了同样的期盼。

"努力让人民群众在每一个司法案件中感受到公平正义，确实是保证社会有序发展和社会稳定非常重要的措施。"吴晓灵委员在发言中殷殷嘱托。

全国人大常委会建议

提升监督权威 将制度设计落实到位

"最高检加强侦查监督、维护司法公正,我们特别关注,我觉得这是防止冤假错案、防止刑讯逼供、保障人权非常重要的一个制度设计,问题是必须落实到位。"

　　"最高检加强侦查监督、维护司法公正,我们特别关注,我觉得这是防止冤假错案、防止刑讯逼供、保障人权非常重要的一个制度设计,问题是必须落实到位。""这方面检察机关还要加大力度。""应该再多下一些功夫。""借此机会,提三点建议……"

　　在十二届全国人大常委会第二十四次会议期间,常委会组成人员、列席会议人员在对曹建明检察长所作的《最高人民检察院关于加强侦查监督、维护司法公正情况的报告》(下称《报告》)给予充分肯定的同时,也围绕现实中存在的问题,从如何更好地细化措施、完善机制、提升监督水平、增强监督实效等方面积极建言。

抓住重点,瞄准难点,加大侦查监督工作力度

　　实践表明,加强侦查监督,是防止冤假错案的有效手段。对此,参与审议的常委会组成人员纷纷表示,检察机关要继续加大侦查监督工作力度,不能松懈。

　　"总体上来讲,绝大多数案件侦办、审理、判决是正确的,冤假错案是少数。但这少数冤假错案社会影响很不好,而且有一个共同点,就是搞刑讯逼供,信口供,不信证据。对这些案件,一定要做到有错必纠。"令狐安委员强调,对冤假错案制造者要依法依纪公平公正追究责任和作出处理。

　　如何进一步加大侦查监督力度,与会人员从不同层面提出了很多中肯的意见。针对如何拓宽侦查监督线索渠道,罗亮权委员提出,要坚决摒弃"等靠要"的消极思想,在注重通过办理审查逮捕案件,受理控告、申诉等渠道发现立案监督线索的同时,通过有关网络媒体调查走访,查阅行政执法档案等多种渠道,敏锐洞察收集立案监督线索。

　　抓住重点,瞄准难点,就能找到工作的发力点。侦查监督的重点在哪里?"对曹建明检察长的报告提一点建议。对涉及老百姓切身利益的一些案件的侦查要加大监督力度。"全国人大代表何寄华在发言中直言不讳地说。王明雯委员建议,积极地推动审查模式的转

型，推动建立"非羁押诉讼制度"，严防超期羁押。"内部监督还需要加强。"邓昌友委员建议。

加强能力建设，既要适应时代需求，又要夯实基层基础

建设过硬队伍，是做好侦查监督工作、维护司法公正的重要保障。曹建明检察长在报告中专门提出，要加强队伍建设，规范司法行为，提高监督能力。与会人员对此积极回应。

令狐安委员呼吁，要进一步加强侦监队伍的职业道德教育，牢固树立和始终坚守罪刑法定、疑罪从无等基本司法原则。罗亮权等委员建议加强素质培训，提高监督水平。罗亮权委员表示，立案监督和侦查活动监督是专业性较强的工作，对理论水平、工作经验、调查能力、协调能力等都有较高的要求，因此提高干部素质很重要。要定期组织经验交流和专业培训，增强办案人员监督能力，提高监督整体水平。

在互联网云计算、大数据的新形势下，如何适应新的要求，提升侦查监督人员审查甄别证据引导侦查取证，正确适用法律的素质能力，莫文秀委员对此十分关注，她呼吁应加强研究。"现在大量采用的电子监控、音视频资料、DNA检测等，对支持证据都起了很大的作用，但确实还存在一些问题。"方新委员也建议，怎样用科学技术的新成果来支持司法的公正，在这方面还可以再做探索。

基层侦监工作面临的难题，牵动着很多委员的心。何晔晖委员在发言中提到，目前大量的刑事案件，由过去县区公安刑警大队来侦破的一些案子，有的地方近80%都下放到了基层派出所。"这样一个转变，给侦查监督工作提出了一个新的课题，怎么把对侦查工作的监督下沉到最基层？"为此，何晔晖委员建议，侦查监督工作要面向基层，向派出所下沉。韩晓武委员特别强调，要抓好市县两级检察院的侦查监督工作。不仅是因为这两项工作在基层，工作量大，情况更复杂，而且基层法院和检察院的工作更直接面对广大人民群众，更能反映司法改革的成效。

完善侦查监督机制，提升信息化水平

"侦查监督机制不够完善""侦查监督与公安机关内部执法监督衔接机制还不够顺畅""侦查监督工作信息化水平不高"，曹建明检察长在报告中坦诚地亮出了当前制约侦查监督工作的问题。与会人员在审议中，也围绕完善侦查监督机制提出了大量建议。

"目前我国宪法和刑诉法虽然赋予了检察机关法律监督权，并确立了公检法三家相互配合、相互制约的关系，但在司法实践中，各自业务开展相对较为独立，相互分工也非常明确，监督工作很难突破部门和程序限制。"如何解决这一问题，车光铁委员建议，进一步严格和规范侦查监督途径、程序、方式、标准、处罚等刚性约束机制，统筹推进侦查监

督体制建设，有效落实监督措施，提升监督权威，全面增强监督实效。

"侦查监督是从源头上防范冤假错案，公安机关是主要的刑事案件侦查部门，报告中提到的对公安机关侦查活动的监督，在案件比较集中的派出所派驻检察室，检察机关人员有限，派驻肯定有很多的困难，请最高检加强信息化工作的研究。"马馼委员说，"如何运用信息化方式加强对公安侦查活动的监督，用技术监督的方法，而不是完全靠人盯人的监督，这是一个需要加强研究的问题。"这个问题也引发与会人员热议。

王明雯等委员建议进一步强化行政执法和刑事司法部门间常态化协调配合机制，健全和完善信息共享平台建设，将事后监督转变为同步监督，全面推动"两法衔接"工作深入开展。王胜明委员指出，最重要的是真正落实全程同步录音录像和检警两家信息共享等措施。车光铁委员建议强化动态监督机制，以提前介入为切入点，有效扩大监督覆盖面。

审议中，何晔晖、马馼、陈秀榕等委员都呼吁检察机关进一步加强信息化建设，借用大数据、云计算等信息技术提升侦查监督水平，更好地维护社会公平正义。

积极探索具有中国特色公益诉讼制度

2016年11月5日，最高人民检察院检察长曹建明在十二届全国人大常委会第二十四次会议上作了《最高人民检察院关于检察机关提起公益诉讼试点工作情况的中期报告》

2016 年 11 月 5 日，最高人民检察院检察长曹建明在十二届全国人大常委会第二十四次会议上作了《最高人民检察院关于检察机关提起公益诉讼试点工作情况的中期报告》。

曹建明在报告中说，自 2015 年 7 月十二届全国人大常委会第十五次会议通过决定，授权最高检在北京等 13 个省、自治区、直辖市开展为期二年的提起公益诉讼试点以来，在各级党委领导、人大监督、政府支持和人民法院共同努力下，试点地区检察机关充分发挥法律监督职能作用，牢牢抓住公益这个核心，严格把握试点案件范围，试点工作进展顺利。截至 2016 年 9 月，各试点地区检察机关共在履行职责中发现公益案件线索 2982 件，办理公益诉讼案件 1710 件，其中办理诉前程序案件 1668 件、提起诉讼案件 42 件。

曹建明说，最高检高度重视公益诉讼试点工作，注重顶层设计，加强督促指导。根据全国人大常委会授权决定，最高检颁布《人民检察院提起公益诉讼试点工作实施办法》。坚持每月向全国检察机关通报试点进展情况，定期发布诉前程序和提起诉讼典型案例。成立专门督导组，赴试点地区实地督察，加强指导。各试点地区检察机关认真制定实施方案，完善制度措施，主动争取党委领导和人大监督，确保试点工作有序推进。最高检和试点地区检察机关注重加强与政府法制办、环境保护等行政机关的沟通协调，加强与人民法院的协调配合，凝聚各方共识，形成保护公共利益合力。

曹建明表示，发现线索是办理公益诉讼案件的源头和基础。试点地区检察机关牢牢把握全国人大常委会授权决定中确定的重点领域，紧紧围绕人民群众关心的突出问题，拓展案件线索来源，强化对线索的排查、评估和管理。在试点地区检察机关发现的 2982 件案件线索中，生态环境和资源保护领域 2221 件，国有土地使用权出让领域 371 件，国有资产保护领域 280 件，食品药品安全领域 110 件。

曹建明说，通过督促行政机关或相关社会组织履行职责，推动侵害公益问题的解决，不仅是检察机关提起公益诉讼试点工作的重要内容，也是公益诉讼制度价值的重要体现。

浏览报告全文
请扫描二维码

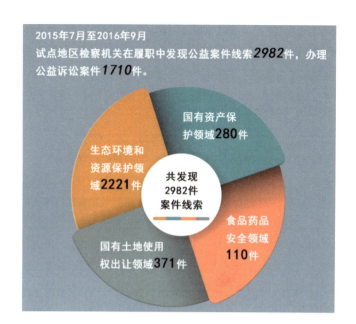

2015年7月至2016年9月
试点地区检察机关在履职中发现公益案件线索**2982**件，办理
公益诉讼案件**1710**件。

国有资产保护领域280件

生态环境和资源保护领域2221件

共发现2982件案件线索

食品药品安全领域110件

国有土地使用权出让领域371件

检察机关注重严格落实诉前程序，促进行政机关和有关社会组织主动履行保护公益职责。截至 2016 年 9 月，试点地区检察机关办理的 1668 件诉前程序案件中，行政公益诉前程序案件 1591 件，有关行政机关回复意见 1348 件 (尚未到一个月回复期的 243 件)，行政机关纠正违法或履行职责 1214 件；民事公益诉前程序案件 77 件，相关社会组织依法提起诉讼 17 件。

曹建明表示，以公益诉讼人身份提起诉讼，是检察机关保护国家和社会公共利益的重要手段。检察机关注重依法提起公益诉讼，增强公益保护刚性。截至 2016 年 9 月，各试点地区检察机关提起的 42 件诉讼案件中，行政公益诉讼 28 件、民事公益诉讼 13 件、行政附带民事公益诉讼 1 件。人民法院已作出一审判决 8 件，均支持检察机关的诉讼请求，另有 1 件民事公益诉讼以调解方式结案，1 件民事公益诉讼因其他适格主体参加诉讼、2 件行政公益诉讼因行政机关在起诉后纠正了违法行为，检察机关撤回起诉。

曹建明指出，经过一年的试点，检察机关提起公益诉讼制度的优越性逐步显现。一是弥补了提起行政公益诉讼主体的缺位，强化了对国家和社会公共利益的保护。二是督促行政机关主动纠正违法行为，助推法治政府建设。三是调动其他适格主体积极性，增进了公益保护的社会参与。一年来的实践充分证明，党的十八届四中全会部署"探索建立检察机关提起公益诉讼制度"是完全正确的，这一制度设计也是切实可行的，必将在全面推进依法治国、建设社会主义法治国家进程中发挥更大作用。

曹建明坦言，检察机关提起公益诉讼试点工作取得初步成效，但也存在不少问题和困难，主要是思想认识还不够到位、工作开展不平衡、公益诉讼制度理论研究不够深入、素质能力不适应、配套机制不健全、有的地方行政机关认识还有偏差等。对这些问题和困难，检察机关将加大工作力度，主动与有关部门沟通，共同提高认识，采取有效措施加以解决。

在谈到下一步工作措施时，曹建明强调，检察机关提起公益诉讼试点工作，事关国家和社会公共利益的保护，事关中国特色社会主义司法制度的健全和完善，意义重大而深远。下一步，最高检将紧紧依靠全国人大常委会的监督和支持，进一步增强政治意识和责任意识，组织领导试点地区检察机关加大工作力度，确保圆满完成试点任务，勇于探索具有中国特色、符合检察职能特点的公益诉讼制度。一是强化督促指导，督促试点检察院克服困难、大胆实践，推动试点工作稳妥有序开展。二是聚焦健康中国、美丽中国、法治政府建设等领域人民群众广泛关注的突出问题，进一步突出工作重点，加大办案特别是提起诉讼案件力度，巩固试点成效。三是紧紧依靠人大的监督支持，进一步加强与行政机关、人民法院、相关单位、社会组织的沟通协调，形成共识，凝聚试点工作正能量。四是进一步加强民事行政检察队伍建设，提升办理公益诉讼案件能力水平。五是进一步总结试点经验，不断深化对检察机关提起公益诉讼制度的规律性认识，统筹研究提出建立检察机关提起公益诉讼制度的立法建议。

曹建明最后表示，全国人大常委会专门听取和审议检察机关提起公益诉讼制度试点情况中期报告，充分体现了对司法体制改革的高度重视，也充分体现了对检察机关的监督和支持。最高检在以习近平同志为核心的党中央坚强领导下，将认真贯彻党中央决策部署和全国人大常委会审议意见，锐意进取，扎实工作，努力探索公益诉讼理论与实践创新之路，为发展和完善公益诉讼制度、加强对国家和社会公共利益的保护作出更大贡献。

全国人大常委会组成人员审议公益诉讼试点工作情况报告

提起公益诉讼 检察机关大有可为

全国人大常委会组成人员认为,检察机关提起公益诉讼试点工作取得不少成绩,弥补了行政公益诉讼主体的缺位

2016 年 11 月 6 日,十二届全国人大常委会第二十四次会议分组审议了《最高人民检察院关于检察机关提起公益诉讼试点工作情况的中期报告》。常委会组成人员认为,检察机关提起公益诉讼试点工作取得不少成绩,弥补了行政公益诉讼主体的缺位。通过诉前程序,促进了行政机关主动纠正违法行为,也督促了其他适格主体积极参与公益诉讼。在下一阶段试点中,常委会组成人员建议检察机关加强理论研究,尽快解决检察机关在公益诉讼中存在的问题和困难。

"无人诉、不愿诉、不敢诉的公益案件,由检察机关担起来"

2015 年 7 月 1 日,十二届全国人大常委会第十五次会议通过决定,授权最高人民检察院在北京等 13 个省、自治区、直辖市开展为期二年的提起公益诉讼试点。根据授权决定,提起公益诉讼前,人民检察院应当依法督促行政机关纠正违法行政行为、履行法律职责,或者督促、支持法律规定的机关和有关组织提起公益诉讼。

报告显示,截至 2016 年 9 月,试点地区检察机关办理公益诉讼案件 1710 件,其中办理诉前程序案件 1668 件,提起诉讼案件 42 件。莫文秀委员认为:"检察机关做得很到位,保证了试点工作健康运

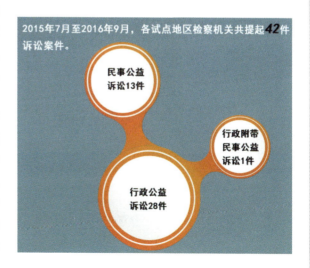

2015年7月至2016年9月,各试点地区检察机关共提起**42**件诉讼案件。

民事公益诉讼13件

行政附带民事公益诉讼1件

行政公益诉讼28件

行。"

马馼委员说，虽然只办了 42 件最后提起诉讼的案件，但是在前期通过督促行政机关主动纠正，还有调动其他主体参与，消化了绝大多数的案件。"公益诉讼是新生事物，开头难，但是做得还是不错的。看到检察机关敢于啃硬骨头，公益诉讼有了一个良好的开端。"

全国人大常委会副委员长万鄂湘表示："曹建明检察长关于公益诉讼方面的中期报告非常全面，让我们看到了希望，特别是在老百姓关心的环境保护、食品安全等方面提起公益诉讼，检察机关有独特优势。"

李连宁委员认为："由检察机关提起公益诉讼，不仅对推动公益诉讼工作非常有益，而且真正发挥了检察机关作为法律监督机关的作用。无人诉、不愿诉、不敢诉的公益案件，由检察机关担起来。"

"填补海洋污染方面的民事、行政公益诉讼空白，检察机关大有文章可做"

"试点一年多时间，检察机关向法院提起公益诉讼 42 件。"云峰委员说，公益诉讼试点不能以案件数量为标准，但是没有一定数量"样本"的支撑，典型性、代表性就不够，只有办理一定的公益诉讼案件，才能不断深化对检察机关提起公益诉讼制度的规律性认识，才能检验这一制度是否合理，并对制度完善和全面推行提供客观全面的实践依据。

云峰委员建议检察机关进一步加大办案力度，推动试点地区公益案件办理工作，尤其是公益诉讼的提起工作，检察机关应重点办理生态环境和资源保护、国

四项措施加大公益诉讼办案力度

| 进一步突出工作重点 | 深入摸排案件线索 | 充分发挥诉前程序作用 | 切实加大提起诉讼案件力度 |

检察机关提起公益诉讼制度优越性

1. 弥补了提起行政公益诉讼主体的缺位，强化了对国家和社会公共利益保护。

2. 督促行政机关主动纠正违法行为。

3. 调动其他适格主体积极性，增进了公益保护社会参与。

有资产保护、国有土地使用权的出让、食品药品安全等领域造成国家和社会公益受到侵害的案件，切实推动人民群众关心关注的突出问题得到解决。

万鄂湘副委员长还建议检察机关填补对海洋污染方面的民事、行政公益诉讼的空白。"在我国海洋环境保护法中，民事公益诉讼权授予了国家海洋局，检察机关的介入能够督促国家海洋局对某些污染海洋的行为提起公益诉讼，这有非常重要的监督意义。"他认为，将公益诉讼与刚刚修改的海洋环境保护法结合起来，检察机关将来大有文章可做。

公益诉讼基础理论研究需要进一步加强

公益诉讼中最难解决的问题，在丛斌委员看来是检察院在公益诉讼中的诉讼地位如何确定。"这是一个难事，确实需要研究，需要中国创制一个诉讼制度。"丛斌委员说，公益诉讼无非涉及到民事和行政诉讼。民事诉讼说得很清楚，调整的是平等主体间的人身关系和财产关系，一个原告、一个被告。但是，民事诉讼、行政诉讼中的检察院的诉讼地位怎样确定？他建议将其列入今后检察系统的工作重点。

王万宾委员和韩晓武委员等也认为，当前真正紧迫的任务是解决基础理论研究不深不透的问题。"检察院的中期报告中已多处提到关于公益诉讼制度理论研究不够深入的问题，说明最高检已经清醒地意识到关于公益诉讼问题的理论基础、立法基础还需要深入研究。"

"理论研究不能等到试点结束以后，法律上如果缺乏理论依据，下一步工作就困难了。"王万宾委员建议最高检会同有关方面，在试点工作中加大理论问题研究的工作力度。

公益诉讼不同于普通的诉讼，对于民事公益诉讼，提出的诉讼请求可以是多样的。尽管最高检在2015年年底制定颁发了《人民检察院提起公益诉讼试点工作实施办法》，但是有的规定还有待完善。比如，对基于赔偿损失的诉讼请求，公益诉讼人在起诉被告损害社会公共利益的行为获赔后，巨额赔偿金的分配就是一个重要问题。谁有资格接受和管理这笔赔偿金？应该如何分配？韩晓武委员建议，针对这些问题也应该抓紧进一步研究出更合理、可行的办法。

"检察机关重点办理的一些生态环境和资源保护领域的公益诉讼案件，还有食品安全领域的案件，都做得很好。但是，我们感觉民众对这方面了解还不够全面、不够深入。希望今后能够加大这方面的宣传力度。"全国人大代表范冬萍建议，进一步加大公益诉讼宣传力度，拓宽宣传的渠道，让更多老百姓了解检察院在这方面作出的努力。

刘永好 全国人大代表、新希望集团董事长

　　民营企业走出去到海外投资越来越多，国外的法律与我们不一样，我们的企业与当地国家政府发生冲突经常吃亏。我们的司法机关能否进行调研，提出一些措施，加强与国外司法机构的沟通协调，给企业提供法律帮助支持，为走出去的企业维权，保护企业合法权益。国家的法律和政策规定一视同仁，但在具体操作中不一样。建议制定范围和标准，在规定的范围和标准内，企业自行处理，超过的一律立案查处。

邱光和 全国人大代表、森马集团有限公司董事长

　　互联网的快速发展，推动了企业的商业模式创新，提高了工作效率，增加了销售渠道，迎合了消费者的需求，但是互联网的不规范，使得正常的市场秩序受到破坏。对于互联网的发展，我相信很多民营企业家的感觉是"又爱又恨"。民族品牌陷入"不维权不行，维权也不能"的尴尬局面。希望检察院能够加大对线上假冒、侵权案件的打击力度，协调有关部门完善相关法规，推动电商行业的规范发展，有力维护健康、公平、有序的市场秩序。

南存辉 全国政协常委、正泰集团董事长

　　建议进一步健全各级检察机关和同级工商联建立常态化的定期沟通和对口联系制度，就非公有制经济发展的司法保障开展联合调研，了解企业发展情况和法律需求。检察机关要完善办案方式，提高服务水平。充分运用互联网、大数据等信息技术手段，构建开放、动态、透明、便民的司法办案机制，加强信息化平台建设，不断提升检察机关监管服务和科学决策水平。

李书福 全国政协委员、吉利集团董事长

　　一定要拿出反腐一样的力度打击假冒伪劣，让中国制造彻底摆脱假冒伪劣的踪影，挽回消费者对中国制造的信心。希望检察机关切实加强对侵犯知识产权和制售假冒伪劣商品犯罪的打击力度，让侵犯知识产权和造假售假者无处藏身，维护社会主义市场经济秩序，促进社会和谐稳定。

持续发力护航非公经济发展

各级检察机关积极探索，勇于创新，努力为非公企业健康发展创建良好法治环境

2016 年，"非公经济"一词频繁出现在各类媒体上，社会各界对非公经济的关注程度也是前所未有。据 2015 年有关部门统计数据显示，目前，我国非公有制经济组织数量已占市场主体的 90%，对 GDP 的贡献率超过 60%，就业贡献率超过 80%，在全面建成小康社会中的重要性不言而喻。护航非公经济发展，检察机关一直在努力。

为进一步征求对最高人民检察院工作报告和检察工作的意见建议，2016 年 2 月 16 日，最高检召开各民主党派中央、全国工商联负责人和无党派人士代表座谈会，听取非公经济界人士的意见建议；并通过深入基层调研，在广泛征求全国人大代表、全国政协委员意见建议的基础上，于 3 月 2 日，最高检发布了《关于充分发挥检察职能依法保障和促进非公有制经济健康发展的意见》（下称"18 条意见"）；10 月 24 日至 28 日，来自民革、民建、农工党、致公党、九三学社、台盟的 11 名最高人民检察院特约检察员赴江苏省调研江苏省检察机关服务非公经济健康发展工作情况；11 月 21 日至 25 日，19 位民主党派全国人大代表、最高检特约检察员深入长沙、湘潭、岳阳三地检察机关和企业、高校进行实地走访，充分了解了湖南检察机关服务非公经济工作。实践中，各级检察机关积极探索，勇于创新，努力为非公企业健康发展创建良好法治环境。

保障升级 "18 条意见"再发力

检察机关服务非公经济，如何找准切入点，依法保障和促进非公经济健康发展，曹建明检察长在全国工商联机关座谈会上，面对面听取非公经济界部分全国人大代表、政协委员的意见建议。曹建明表示："依法保护非公有制企业产权和合法权益是检察机关义不容辞的责任。各级检察机关要坚持依法平等保护，准确把握法律政策界限，严格规范司法行为，努力营造公开公平公正的法治化营商环境，保障经济持续健康发展。"

"18 条意见"要求各级检察机关把平等保护各类市场主体合法权益作为检察工作服

务改革发展稳定大局的重要着力点，坚持诉讼地位和诉讼权利平等、法律适用和法律责任平等、法律保护和法律服务平等，主动适应非公有制经济发展的司法需求，依法保护非公有制企业产权和合法权益，依法保护企业家和从业人员创新创业的积极性，增强发展预期和信心，激发活力，促进创新发展。记者了解到，最高检各相关部门积极落实"18条意见"要求，来自最高检反贪污贿赂总局一局的数据显示，2016年以来，反贪污贿赂总局一局共依法指定和交办涉嫌行贿、单位行贿犯罪线索31件。如指定江苏省院查办的北京长安律师事务所律师陈某某行贿案件，陈为谋取巨额利益，通过大肆向国家工商银行多位高管行贿的手段，帮助无锡太湖新城集团非法融资，给国家造成巨额损失，在依法向中央领导报批、审慎评估办案风险的同时，指挥江苏省院依法对其进行查处。反贪污贿赂总局二局则更加注重保障非公有制经济健康发展，既依法查处国家机关工作人员侵害非公经济合法权益职务犯罪，又依法惩治非公经济人员为谋取不正当利益主动行贿犯罪。依法惩治侵害非公企业和非公经济人士合法权益犯罪行为，妥善办理涉及非公经济的案件。在办理深圳市涉嫌违规低价出让土地造成国有权益重大损失有关人员涉嫌从中牟取不正当利益案件时，由于本案中犯罪嫌疑人之一的林某系相关上市公司的实际控制人和相关科研机构的负责人，反贪污贿赂总局二局指导办案机关在充分考虑涉案民营企业发展的基础上，采取不扣押冻结涉案企业财产和银行账户，不查封扣押冻结正在投入科技创新、产品研发的设备、资金和技术资料，不发布案件信息等措施，保障了涉案企业正常运营。2016年1月18日至24日，侦查监督厅对山西省民营企业涉嫌行贿犯罪情况进行了专题调研，深入基层了解山西省民营企业涉嫌行贿的基本情况，并综合分析了山西省检察机关办理民营企业家行贿案件面临的困难和问题，提出了妥善处理民营企业家行贿案件的几点建议。

为经济发展提供司法保障

各地检察机关积极落实最高检指示精神，不断创新方式方法，深入探索实践，紧紧围绕省委决策部署，高度重视服务经济发展大局，不断探索有效服务和促进经济发展的结合点、着力点，努力为经济持续健康发展提供有力司法保障，工作扎实推进。

2016年1月15日，甘肃省检察院、甘肃省工商联就如何更好地依法保障和促进非公有制经济健康发展组织召开座谈会，邀请非公经济界两会代表委员共70余人参加会议，代表委员结合非公经济组织发展现状，从检察机关和工商联立足职能、搭建平台、协同服务和保障非公有制经济发展等方面座谈发言，提出了有针对性的意见建议。

湖北省检察院根据"18条意见"和省委领导批示，在广泛调研的基础上，研究制定了"鄂检十条"，并于3月20日印发全省遵照执行。

3月25日，江苏检察机关对贯彻落实最高检关于依法保障和促进非公经济健康发展

安徽省亳州市检察院工作人员向非公经济人士推荐"掌上检察院"。

的"18条意见"作出专门部署，要求各级检察机关在法律允许范围内积极回应企业关切，帮助企业防控风险，提高经营管理的法治化水平。要切实提升服务发展的意识，注重办案的策略和方法，注重司法办案法律效果和社会效果的统一。

4月5日，山西省检察院出台《关于贯彻落实〈最高人民检察院关于充分发挥检察职能依法保障和促进非公有制经济健康发展的意见〉的实施意见》，要求充分运用宽严相济的刑事政策，坚持具体问题具体分析，区别对待，切实防止简单司法、机械执法、搞"一刀切"。

5月5日，贵州省工商联相关负责人及70余名民营企业家与贵州省检察院检察长袁本朴及相关人员齐聚一堂，共同探讨检察机关如何更好地保障和促进民营企业发展。

广东经反复调研论证，5月24日，广东省检察院出台《关于依法保障和促进非公有制经济健康发展的实施意见》。5月26日，组织召开新闻发布会介绍有关情况，并发布了"广东省检察机关服务保障非公有制经济十大典型案例"。该实施意见共15条，从坚持"三个慎重"，改进办案方式方法，确保法律效果、政治效果和社会效果的有机统一等方面作了具体规定。"三个慎重"具体是：慎重采取拘留、逮捕等人身强制措施，慎重查封扣押冻结涉案非公企业财产，慎重发布涉及非公企业案件的新闻信息。

江苏省检察院出台《在反贪工作中依法保护和促进非公有制经济健康发展的意见》，

要求牢固树立平等保护的司法理念，重点查办四类侵犯非公企业权益的职务犯罪案件，切实改进办案方式方法，更加有力有效地依法保障和促进非公经济发展。该意见指出，反贪工作要全面落实非公企业与公有制企业诉讼地位平等、诉讼权利平等、法律适用平等，综合运用打击、保护、预防、监督、服务等职责，严厉打击侵犯非公企业职务犯罪，依法保护非公企业合法权益。

构建"亲""清"政商关系

各地检察机关根据实际动真格出实招，打击犯罪，维护企业合法权益，以"互联网＋菜单式"创新服务，量体裁衣，双向预防，构建"亲""清"政商关系，服务非公经济创新发展、健康发展，动真格、出实招、下硬功，用案例、数据和口碑说话，取得实实在在的效果。

湖北检察机关服务非公经济，实现精准对接。8月10日，"湖北检察机关依法保障和促进非公有制经济健康发展"新闻发布会在汉召开。据悉，《鄂检十条》下发及专项法律监督工作开展以来，在严惩侵犯非公企业权益的刑事犯罪方面，依法监督公安机关对企业内部人员侵占企业财产等刑事犯罪案件立案侦查19件；加大对敲诈勒索、收取"保护费"、强买强卖、强揽工程等侵害非公企业权益犯罪的打击力度，批准逮捕272件384人，提起公诉335件527人。在加强涉企诉讼法律监督方面，对涉及非公企业法定代表人、实际控制人、主要经营管理负责人以及关键岗位工作人员等"四类人员"，经审查后依法不批准逮捕61人，决定不起诉20人；对涉及非公企业民事案件开展诉讼活动监督，提起再审抗诉9件，对民事审判活动违法发出检察建议1件。在职务犯罪侦查中，依法不采取羁押性强制措施15人，依法变更羁押性强制措施16人。在开展非公企业违法犯罪预防方面，向非公企业提出预防检察建议136件，开展有针对性的警示教育、预防宣传767余场次，提供涉及非公企业行贿犯罪档案查询80509次。

浙江省检察院把服务非公企业作为践行绿色司法的重要抓手，2016年以来，全省各级检察院共召开各类座谈会320次，走访非公企业 1409 家, 征求意见、建议 1435 条。突出打击合同诈骗、票据诈骗、职务侵占、挪用资金、破坏生产经营、强迫交易、串通投标、商业贿赂等犯罪, 共提起公诉 655 件、1028 人; 查办项目审批、市场准入、土地征用等环节吃拿卡要、索贿受贿、失职渎职案件 238 人, 纠正行政违法 91 件次, 为非公经济健康发展保驾护航。

福建省检察院立足于知识产权保护, 出台了《关于充分发挥检察职能服务和保障非公有制经济发展的意见》, 侦查监督部门和泉州市检察机关也相应出台了服务保障非公经济的具体细化措施和创新举措。7 月 8 日, 福建省检察院、泉州市检察院在泉州市检察院联合举行非公有制企业知识产权刑事检察保护座谈会, 专门听取非公企业家们对保护知识产权的意见建议, 并就企业遇到的问题和困境展开讨论, 寻求解决办法, 探索工作机制。据了解, 2015 年以来, 福建检察机关共批捕起诉侵害非公有制经济犯罪案件 711 件 938 人。在办理的 161 件侵犯知识产权犯罪的案件中, 侵犯耐克公司商标权的案件有 46 件、侵犯阿迪达斯公司商标权的案件有 23 件、侵犯安踏公司商标权的案件有 11 件、侵犯李宁公司商标权的案件有 9 件。另据泉州市检察院通报的数据, 2013 年至 2016 年 6 月, 泉州检察机关共受理提请审查逮捕侵犯非公企业知识产权犯罪案件 87 件 110 人, 批准逮捕 69 件 86 人, 受理移送审查起诉 485 件 656 人。

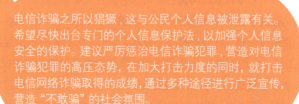

邓泽永
全国人大代表、海南省儋州市政协主席

电信诈骗之所以猖獗，这与公民个人信息被泄露有关。希望尽快出台专门的个人信息保护法，以加强个人信息安全的保护。建议严厉惩治电信诈骗犯罪，营造对电信诈骗犯罪的高压态势，在加大打击力度的同时，就打击电信网络诈骗取得的成绩，通过多种途径进行广泛宣传，营造"不敢骗"的社会氛围。

谢旭人
全国人大常委会委员、全国社会保障基金会理事会理事长、财政部原部长

针对电信网络诈骗比较猖獗，老百姓反映非常强烈的问题，建议进一步加大从严打击力度，严厉惩治网络诈骗、电信诈骗.相关执法机关、电信网络主管部门和监管部门、网络公司、运营商等都要参与，共同推动解决。

马化腾
全国人大代表、腾讯公司董事局主席兼首席执行官

希望能够结合运营商、银行以及腾讯等互联网服务提供商的后台数据，整合反诈骗大数据，更有效地打击这些层出不穷、变化多端的电信诈骗。除了运用大数据之外，推进运营商、银行、互联网服务商之间的合作，打击信息诈骗更应该加大司法力度。

檀结庆
全国人大代表、合肥工业大学数学系教授

电信网络诈骗泛滥的背后，有许多监管漏洞需要引起重视。建议通过立法手段明确银行和通信部门在维护金融和信息安全工作中的义务，对于因自身产品存在安全隐患或怠于履行安全监管、源头防范义务，而被犯罪分子利用导致群众损失的，必须追究银行和运营商的责任。

打击电信诈骗 强化源头治理和综合治理

全国各级检察机关积极应对，重拳打击，依法严惩电信网络新型违法犯罪活动，形成打击电信网络诈骗犯罪的高压态势

"近年来，全国检察机关充分履行检察职能，始终保持对电信网络诈骗犯罪严打的高压态势，有效遏制了此类违法犯罪发展蔓延势头。据统计，2016 年 1 月至 11 月，全国检察机关共批捕电信诈骗犯罪嫌疑人 1.5 万余人。"2016 年 12 月 20 日，在最高人民检察院、最高人民法院、公安部联合召开的新闻发布会上，最高检侦查监督厅副厅长元明介绍说。

元明介绍，检察机关在打击治理电信网络诈骗工作中，做到"三个一律"：对电信网络诈骗犯罪案件一律依法快捕快诉；对重大电信网络诈骗案件，一律组成专班集中办理；对重点整治地区，一律加大源头治理和综合治理的力度。重大有影响的电信网络诈骗犯罪案件发生后，检察机关立即启动重大敏感案件快速反应机制，做到及时报告、准确研判、应急反应、专人办理、提前介入、引导取证、快捕快诉，确保检察环节打击力度和效率，确保案件质量。

持续高压，精准打击

近年来，电信网络诈骗犯罪愈演愈烈，严重侵害人民群众财产安全和合法权益，严重影响人民群众安全感，已成为影响社会稳定的突出犯罪问题，社会各界广泛关注。党中央、国务院对打击治理电信网络新型违法犯罪工作高度重视，2015 年 6 月，国务院批准建立了由 23 个部门和单位组成的打击治理电信网络新型违法犯罪工作部际联席会议制度，加强对全国打击治理工作的组织领导和统筹协调。

作为打击治理电信网络新型违法犯罪工作部际联席会议的成员单位，最高检高度重视这项工作，全国各级检察机关积极应对，重拳打击，依法严惩电信网络新型违法犯罪活动，形成打击电信网络诈骗犯罪的高压态势。

2016 年 5 月，最高检专门下发《关于切实做好打击整治电信网络诈骗犯罪有关工作的通知》，又会同有关部门先后制定出台《关于进一步防范和打击电信网络新型违法犯罪

的若干意见》和《关于防范和打击电信网络诈骗犯罪的通告》，再次对各地深入开展专项行动提出明确要求，进一步做好打击治理电信网络新型违法犯罪的顶层设计。2016 年下半年以来，最高检组织各地检察机关尽快依法提起公诉一批重特大案件，9 月 30 日，最高检和公安部联合下发通知，对 21 起涉案人员众多、涉案金额巨大、社会影响恶劣的电信网络诈骗犯罪案件进行挂牌督办，并要求各级公安机关、检察机关要把严厉打击此类犯罪作为当前重点工作抓实抓好。10 月 21 日，两部门再出重拳，联合下发通知挂牌督办第二批41 起电信网络诈骗犯罪案件。此次联合挂牌督办的案件涉及全国 20 余个省（自治区、直辖市）41 起案件。经初步统计，涉案金额近 4 亿元，受害人数达 25 万余人，犯罪嫌疑人约1100 余人，串并案共 5600 余起。涉案人数之多、涉案金额之大远超过第一批挂牌督办案件。12 月 20 日，最高检、最高法和公安部联合发布了《关于办理电信网络诈骗等刑事案件适用法律若干问题的意见》，最高检侦查监督厅副厅长元明表示，检察机关将进一步提升办理此类案件的证据审查，事实认定和法律适用能力，确保对电信网络诈骗犯罪给予依法、及时、精准的打击。

打击电信诈骗无国界

2016 年 4 月 18 日，天津市检察院第一分院分提前介入张某某、苏某某、许某某等 41名犯罪嫌疑人涉嫌诈骗、开设赌场案，并派员赴老挝参与案件侦破，引导侦查取证。7 月 25 日，天津市公安局就该案提请批准逮捕，经严格审查、细致工作，于 8 月 1 日依法迅速对其中39 人以涉嫌诈骗罪、开设赌场罪批准逮捕，对其中 2 人以事实不清、证据不足不批准逮捕。在该案侦破及审查逮捕过程中，天津市检察院第一分院按照最高检《关于建立重大敏感案件快速反应机制的意见（试行）》的要求，及时启动了重大敏感案件快速反应机制，认真研究制定提前介入侦查的工作方案，对案件的走向进行分析和研判，科学预测有可能发生的各类风险隐患，积极做好预案，切实做到主动出击、未雨绸缪。

犯罪分子远在境外，如何抓捕是难点。在案件的前期侦查阶段，天津市检察院第一分院即发挥出引导侦查的积极作用，针对如何通过国际刑事司法协助，寻求老挝警方的密切配合，在境外对犯罪嫌疑人实施抓捕，以及如何确保境外证据来源和取证程序合法等国际司法衔接的难点进行深入研究探讨，与公安机关共同制定侦查取证计划。在境外组织抓捕和调查取证阶段，侦查监督部门负责同志与公安机关共赴老挝，全程参与案件侦破。一方面多次深入案发当地了解犯罪窝点周边环境以及犯罪嫌疑人的作息时间和往来规律，为成功实施抓捕奠定了坚实基础。同时，对确保完整扣押涉案相关财物以及有效运用现场摄录像等方式固定涉案人员犯罪行为的侦查取证活动提出了具体意见建议，引导公安机关调整侦查方向，取得预期效果。另一方面，积极协助公安机关通过我国驻老挝大使馆与当地警

河北省邯郸市永年区检察院组织干警深入电信部门营业网点开展防电信诈骗法治宣传，以查办的电信诈骗案件为例，为群众防范电信诈骗"支招"。

方进行协调，根据两国刑事司法互助协议，顺利完成了对缉捕引渡犯罪嫌疑人、搜查扣押证据以及犯罪证据转化等方面的法律对接。

在提前介入公安机关侦查工作以及审查逮捕的整个过程中，天津市检察院第一分院侦查监督部门多次与公安机关沟通交流，潜心分析该案在证据固定、案件定性、司法实务等方面的难点和焦点问题。进入审查逮捕环节后，通过提讯对案件关键事实和证据进一步核实成为审查逮捕工作的重中之重。针对审查逮捕期限短、犯罪嫌疑人众多等实际困难，天津市检察院第一分院科学制定提讯方案，合理调配办案力量，将侦查监督部门分成三个提讯小组，并针对每一名犯罪嫌疑人的不同情况制作出个性化讯问提纲。7月26日，在河北、红桥、西青三个公安看守所各小组提讯工作同步开展。针对犯罪嫌疑人中的3名未成年人，天津市检察院第一分院严格规范提讯程序，专门通过红桥区团委邀请了合适成年人全程参与案件提讯，当天即完成了对41名犯罪嫌疑人的提讯工作，对大量关键犯罪事实和证据进行了核实，不仅保证了办案效率，而且对案件的依法定性和及时批捕发挥了重要作用。

据侦查监督厅相关负责人介绍，北京市检察机关在办理"4·13"跨境电信诈骗案中，对涉案的50名台湾籍犯罪嫌疑人、66名大陆籍犯罪嫌疑人依法快捕快诉。广东珠海市检察机关在办理侯某某等系列跨国电信诈骗案中，通过介入侦查、引导取证，提前掌握情况，及时批准逮捕108名犯罪嫌疑人，有力保障了案件的顺利办理。

重拳出击，整治电信诈骗重灾区

"各级检察机关侦查监督部门对于重大疑难电信网络诈骗案件要适时介入侦查，引导公安机关依法全面客观收集固定证据，符合逮捕条件的要及时批准逮捕，确保打击质量和效果。加强法律监督，对有案不立、以罚代刑等问题，依法监督纠正。对广西壮族自治区宾阳县等重点整治地区，检察机关侦查监督部门要配合有关部门开展源头治理，集中力量依法严惩涉嫌电信网络诈骗及周边犯罪的重点人员，铲除犯罪滋生土壤，扭转本地输出犯罪、危害全国的状况。"

按照最高检的上述要求，针对近年来电信网络诈骗犯罪日益猖獗的形势，宾阳县检察院充分发挥检察职能，依法及时批捕、起诉电信网络违法犯罪案件，及时研究解决工作中遇到的难题，多部门协作形成打击合力，取得良好成效。据统计，2013年以来，宾阳县检察院共受理审查逮捕电信网络违反犯罪案件117件196人，公诉科共受理涉及网络电信诈骗的案件共67件97人，提起公诉59件78人。

电信网络诈骗犯罪往往是跨境、跨区域犯罪，犯罪手段专业性技术性较强，办案实践中存在侦查取证困难、电子证据收集固定难度较大等问题，且在有人为及技术等因素的介入情况下，电子证据也容易被篡改或者丢失，导致该类证据在法院审理过程中认定较困难。宾阳县检察院积极会同公安、法院等有关部门共同调查与研究，明确电子数据的取证要求及审查运用标准。对诈骗罪、非法获取公民个人信息罪等电信网络诈骗犯罪相关罪名，逐一明确证据审查、需引起注意的重点难点、社会危险性条件的把握等问题，指导一线办案。对于办案人员不易鉴别电子数据是否被篡改这一情况，宾阳县检察院进一步加大技术协作力度，凡是公安移送过来电信网络诈骗犯罪案件的电子证据，均由该院公诉部门委托本院电子证据鉴定人员开展电子证据文书审查工作，确认电子数据的完善性、真实性，对于有问题的电子证据，及时退回公安补充侦查，确保电子证据的证明力，以认定犯罪事实。

2016年9月30日，山东省临沂市罗庄区检察院对备受社会关注的山东考生徐某某被电信诈骗致死案的犯罪嫌疑人陈某某等7人，依法作出批准逮捕的决定。7名犯罪嫌疑人中有3名是福建省安溪县人，安溪又一次处于舆论的风口浪尖。此案发生后，安溪出重拳打击电信诈骗犯罪。2016年9月9日，安溪县曾召开"诚信建设千人大会"，10月1日，安溪县委、县政府在微信公众号中发布通告，12 条通告均为打击电信诈骗的具体措施。通告要求，对电信网络诈骗案件，要依法快侦、快捕、快诉、快审、快判，坚决遏制电信网络诈骗犯罪发展蔓延势头。

被国务院打击治理电信网络新型违法犯罪工作部署联席会议第一次会议列为全国重点整治的地区还有海南省儋州市，儋州市委市政府高度重视，专门召开会议部署开展打击治理电信网络新型违法犯罪专项行动。儋州市检察迅速落实快速办案机制，充分发挥检察职能，提前介入，引导侦查，快捕快诉，制定《打击治理电信网络新型违法犯罪专项行动工作方案》并严格按照方案执行，从而有力打击了电信网络诈骗犯罪分子的嚣张气焰，取得了打击此类犯罪的良好成效。据统计，2015 年 8 月 14 日至 2016 年 7 月 20 日，儋州市检察院共批捕电信网络诈骗犯罪案件 68 件 160 人，起诉 51 件 110 人。

加强协作配合，形成合力

围绕打击重点和难点，侦查监督厅与公安部开展联合行动。据侦查监督厅相关负责人介绍，9 月 23 日，与公安部在北京联合召开典型电信网络诈骗案件剖析调研会，选取 5 起典型案件进行分析研判，集中研究电信网络新型违法犯罪的证据认定、法律适用等问题；9 月 30 日，与公安部联合下发《关于联合挂牌督办第一批电信网络诈骗犯罪案件的通知》，截至目前，21 起案件中仅有 1 起尚处在侦查阶段，其余 20 起案件已批准逮捕 7 件 481 人，移送审查起诉 9 件 564 人，判决 4 件 53 人；10 月 14 日，与公安部在四川成都联合召开电信网络新型违法犯罪重点整治、突出地区督导会，总结当前全国重点整治、突出地区打击治理电信网络诈骗犯罪基本情况、存在问题和取得的成效，并对打击治理工作进行现场督导和部署。11 月 25 日，与公安部联合下发《关于联合挂牌督办第二批电信网络诈骗犯罪案件的通知》，在认真总结案件办理经验，积极摸索有效打法和应对措施的基础上，打好打击电信网络诈骗犯罪攻坚战，坚决把犯罪分子嚣张气焰打下去，切实维护人民群众合法权益。加大对境外电信诈骗犯罪的打击力度。多次与公安部就台湾籍犯罪嫌疑人在西班牙对我国大陆地区实施的电信诈骗相关案件进行沟通，于 11 月 28 日下发《关于积极配合公安机关依法严厉打击境外电信网络诈骗犯罪的通知》，要求江苏、浙江、广东三省分别责成苏州、杭州、东莞和惠州四地检察机关配合当地公安机关依法、从快、妥善办理。

据侦查监督厅统计，自 2015 年 11 月开展打击治理电信网络新型违法犯罪专项行动以来，截至 2016 年 9 月，全国检察机关已批准逮捕电信诈骗犯罪嫌疑人 13247 人。其中，广东、福建、浙江、江苏批捕人数均超过千人。

龙超云
全国人大代表、十二届全国人大常委会委员、全国人大民族委员会委员

检察院开展的生态公益诉讼受到越来越多的关注,希望公益诉讼在政策上、法规上,在办案的力度上进一步加强,特别要把典型案件广为宣传,扩大警示作用,保护好生产生活环境。

曹金萍
全国人大代表、山东省水利厅副厅长,民进省委常委

去年案件不多,还没形成影响力,建议进一步加大涉及资源环境的公益诉讼力度。

郭光华
全国人大代表、锦州新华龙钼业股份有限公司董事长兼技术中心主任

建议司法机关在贯彻实施环境保护法中要有所作为,在督促环保部门加强治理工作中有更多的工作要做。如果每个县办理一两件环境违法犯罪案件,会形成震慑力。

王庆喜
全国人大代表、全国人大环境与资源保护委员会副主任委员

治理环境污染工作要做到有法必依,执法必严,违法必究,像治理腐败一样,使环境污染者不敢污、不能污、不想污。彻底改变环保执法取证难、执行难现状,让"长牙的环保法"真正发挥作用。

张加春
全国人大代表、贵州省黔南州政协副主席

加强对破坏生态行为的打击力度。贵州生态环境脆弱,要坚守生态底线,存在对纵火烧山等行为法律惩处不严的问题。

许虹
全国人大代表、昆明医科大学第一附属医院神经内科副主任

建议要做好生态环境和资源保护的公益诉讼试点工作,扎实推进,充分发挥职能作用,保护生态环境。

钟勤建
全国人大代表、农工党中央委员、四川省环境保护厅副厅长

在破坏环境资源犯罪方面,公安、环保部门的联动没有建立起来,通过检察机关的立案监督可以推动。建议继续加强环境资源犯罪立案监督工作,并在明年的工作报告中能有所回应。

专项立案监督破坏环境资源犯罪见成效

专项立案监督的目标更加明确，要求实现"三个一"的目标，即"建议行政执法机关移送一批案件，监督公安机关立案一批案件，查办一批相关职务犯罪案件，建立健全'两法衔接'机制"

2016年，为回应人民群众在"青山绿水"方面的新期待新要求，最高检继续在全国范围部署开展"破坏环境资源犯罪专项立案监督活动"，这已经是该专项活动开展的第二年。

与以往专项立案监督不同的是，之前的专项活动时限一般为八九个月，而这次时长近两年。更为重要的调整是，专项立案监督的目标更加明确，要求实现"三个一"的目标，即"建议行政执法机关移送一批案件，监督公安机关立案一批案件，查办一批相关职务犯罪案件，建立健全'两法衔接'机制"；措施更加务实管用，不再是侦查监督部门单打独斗，而是整合了侦监、公诉、民行、职务犯罪侦查等检察资源，还制定了快速反应机制、挂牌督办制度、定期会商制度等工作机制制度。

督导修炼内外功

5月27日，最高人民检察院、环保部召开破坏环境资源犯罪专项立案监督活动联合督导会，双方加强沟通、形成合力，推动专项活动深入开展。

会议围绕打击破坏环境资源犯罪有关工作进行了深入研究，在一些重要问题上形成共识，主要包括三个方面：进一步密切各地检察机关与环保部门在案件查办上的对接沟通，共同摸排线索；确立要加强信息共享、联合督导、共同调研等沟通协调机制建设，相互支持配合，形成打击合力；共同推动环境资源保护领域行政执法与刑事司法衔接规范性文件的制定，健全长效机制。

最高检侦查监督厅有关负责人说，专项活动得到最高检领导的高度重视，要求每年年底省级院检察长到最高检述职述廉报告时，必须专门汇报这项工作。2016年确立了侦监厅领导包省督导工作方式，力争点对点地推进专项立案监督活动，同时也要运用约谈、现场督导的方式推进责任落实。省级检察院侦查监督部门要将这种压力层层传导到基层院，加强对下级院的督导和指导。通过这种方式，不仅表扬鼓励工作成绩突出的地方，也要让工作不得力的地方"红红脸""出出汗"。

挂牌督办出真招

检察机关充分发挥挂牌督办制度作用，最高检挂牌督办的环境资源保护案件，多是群众高度关注、媒体广泛报道，在本省甚至全国有较大社会影响的焦点事件。

10月21日，最高检召开新闻发布会，通报检察机关惩治各类损害人民群众身体健康和生命安全，特别是发生在食品药品、生态环境、医疗卫生领域违法犯罪行为的有关情况。

在破坏环境资源犯罪专项立案监督活动中，最高检针对破坏生态资源案件开通"绿色通道"，建立快速反应机制，挂牌督办了两批23起涉嫌污染环境犯罪案件。2015年3月以来，最高检单独挂牌督办或与公安部、环保部、食药监总局联合挂牌督办了4批147起案件。其中，最高检、公安部、环保部三家联合，对上海垃圾非法倾倒江苏省苏州太湖等4起案件进行了挂牌督办；对挂牌督办的腾格里沙漠环境污染系列案件以污染环境罪追究了10人刑事责任，以玩忽职守罪、滥用职权罪追究了4人刑事责任。最高检挂牌督办的山东发生的非法经营疫苗系列案件已批捕324人，起诉68人，立案侦查职务犯罪100人。

据不完全统计，截至2016年9月，全国检察机关共建议行政执法机关移送涉嫌破坏环境资源、危害食品药品安全犯罪案件1.1万余件1.4万余人；监督公安机关对破坏环境资源、危害食品药品安全犯罪立案侦查9000余件1.1万余人；通过专项立案监督活动，共查办生态环境领域贪污贿赂犯罪案件838人，查办渎职犯罪1124人。

加强实战能力，创新工作方法

为有效解决办理破坏环境资源犯罪司法实践有关难题，提高执法水平和办案质量，最高人民检察院侦查监督厅联合环保部、公安部和国家食品药品监督管理总局有关部门在全国范围内举办了专题培训班，取得良好培训效果。

11月1日至5日，最高检侦查监督厅会同公安部、环保部有关部门在国家检察官学院云南分院联合举办了"环境污染案件行政执法与刑事司法衔接工作培训班"，来自全国环保部门、公安部门、检察机关的执法及办案一线业务骨干共210余人参加了此次培训。培训班通过专家授课，检察、公安、环保等业务骨干介绍办案经验以及分组研讨等多种形式开展。参训人员普遍反映培训内容丰富，精彩纷呈，针对性强，在一定程度上解决了最高检部署开展的"破坏环境资源犯罪专项立案监督活动"中存在的困难和遇到的问题，进一步提高了环境污染案件、食品药品安全案件办理水平和实战能力。

回眸专项立案监督工作，创新工作方法在各地不断涌现，最集中地表现在四个方面。

最高检侦查监督厅相关负责人介绍，"精准施策是专项立案监督的第一个新招"。专

2016 年 7 月 16 日，苏州太湖强制隔离戒毒所废弃宕口，一名孩子在堆积如山的垃圾上飞奔而过。

项活动部署后，各省级检察院迅速成立了以院领导任组长、相关部门负责人为成员的领导小组，结合当地实际制定"对症下药"的实施方案，有的检察院与行政执法机关共同成立联合领导小组，多部门会签实施方案，保证了精准监督。

第二个新招就是加强协调配合，形成工作合力。不仅是各级检察院侦监部门与反贪、公诉、控告、民行联手，扩大了专项立案监督的成效，而且还与环保、食药监、公安机关联合行动，共同推动突出问题的解决和工作不力的督导。

运用信息共享平台，发挥专业办案优势是第三个新招。各地检察机关利用信息平台建议移送、监督立案侦查了一批案件，并在案件易发的企业、社区、林区，安排联络员为检察机关提供立案监督线索。部分省市成立了专门生态资源检察部门，通过发挥专门机构的优势，监督环保领域犯罪案件成效突出。

第四个新招是注重构建长效机制，促进规范、精细监督。专项活动中，检察机关不断总结经验、破解难题、创新举措，并将行之有效的经验、做法以规范性文件加以固定，通过构建这种长效机制来指导实践，规范相关工作。

足迹 2016

一路上有你

顾晋
全国人大代表、北京大学首钢医院院长

　　在涉及医学的鉴定方面，相关部门应该邀请医学专家参加。现实中一些医学鉴定，老百姓请法医去做，其实法医和医务工作者是两码事，法医并不十分懂医学，会影响鉴定的效果和质量。进入法律程序的医疗案件要从快办理。现在医疗场所的安全有时很难保证，就医环境和执法环境的改善值得我们深思。建议在医院设立派出所或警务室。

沈志强
全国人大代表、山东省滨州畜牧兽医研究院院长

　　建议正确区分医疗事故罪与非罪。刑法规定了医疗事故罪，对严格医务人员的责任，保护患者的生命健康起到了非常重要的作用。在司法实践中，最高检应加强对基层院进行指导和培训，帮助各地检察院理解和把握罪与非罪的界限。加强审判监督工作。侵权责任法明确规定了医疗侵权由原告负有举证的责任，在基层法院案件审理过程中检察机关需要进行相关监督。

　　从管理学角度上看，最高检应集中精力放在法律的研究、实施和制度规范上，重点还是在打击和预防职务犯罪等方面工作。对于医闹，必须坚决彻底、毫不留情地打击，否则不能保护医生合法权益。另外，建议提高医保比例。可借鉴美国的保险制，医生的责任、医院的责任由保险公司负责，从制度上根本解决医患矛盾。

毕宏生
全国人大代表、山东中医药大学眼科研究所所长、山东中医药大学附属眼科医院院长

　　要分析医闹背后的原因，提高国民综合素质，树立正确认识，既要保护患者的合法权益，也要保护医务人员的合法权益。要坚持违法必究原则，对于违法行为必须依据法律来处理。执法机关要及时处理发生在医院的医闹事件，采取有效措施，防止危害公共安全事件发生。要正确引导社会舆论，防止引起不良社会反应。

瞿佳
全国人大代表、温州医科大学原校长、温州医科大学眼视光中心主任

严惩涉医犯罪再"亮剑"

自2016年7月起，在全国范围内开展为期1年的严厉打击涉医违法犯罪专项行动。继2013年之后，再次向医疗领域"亮剑"，形成组合拳，专项行动深入开展，直指涉医违法犯罪

2016年7月8日，国家卫计委在京召开维护医疗秩序构建和谐医患关系媒体沟通会，会上发布了10起涉医犯罪典型案例。其中，包括"云大医院女护士被砍案"，凶手张某某因为无端持菜刀砍击被害人头部致其重伤二级而被判处有期徒刑十四年。

医闹事件频发，且有愈演愈烈趋势，2016年以来就有多次医闹事件发生。国家卫计委此次发布的10起涉医犯罪典型案例包括寻衅滋事案4起、聚众扰乱社会秩序案3起、故意伤害案2起、故意杀人案1起。从案件侵害主体看，既有直接诊疗的医生，也有被告人所就医医院的无关医护人员。从办案情况看，既有故意杀人、故意伤害等暴力恶性案件，也有聚众扰乱公共场所秩序、寻衅滋事等妨害社会管理秩序的犯罪。

重拳出击 决不手软

"对实施伤害医务人员和患者人身安全的违法犯罪分子，要采取一切有效措施果断制服，依法严惩。对在医疗机构内发生的各类涉嫌犯罪案件，公安机关要快侦、快破，检察院、法院要依法及时批捕起诉、审判。重大案件上级机关要挂牌督办，坚决打掉违法犯罪分子的嚣张气焰。"

为保障医务人员和患者人身安全，营造安全、有序的诊疗环境，促进社会和谐稳定，6月30日，最高人民检察院、国家卫生计生委、中央综治办、中央宣传部、中央网信办、最高人民法院、公安部、司法部、中国保监会9部门决定自2016年7月起，在全国范围内开展为期1年的严厉打击涉医违法犯罪专项行动。继2013年之后，再次向医疗领域"亮剑"，形成组合拳，专项行动深入开展，直指涉医违法犯罪。

通知指出，要进一步统一思想，提高认识，按照"预防为主、标本兼治、打防并举、健全机制"的原则，坚持系统治理、依法治理、综合治理和源头治理，巩固前一阶段工作成果，依法严厉查处打击涉医违法犯罪活动，确保医疗机构安全形势持续好转。健全医疗机构安

全管理制度，提升医疗机构安全防范能力，切实形成严打严防合力。建立长效机制，进一步改善医疗服务，持续提高医疗纠纷人民调解成功率和满意度，推进医疗责任保险县级医院全覆盖。加强宣传教育和舆论引导，构建和谐医患关系，营造新时期医患利益共同体、情感共同体和道德共同体。

通知强调，严厉惩治侵害医患人身安全、扰乱正常医疗秩序违法犯罪活动。依法惩治暴力伤害医务人员和患者的违法犯罪活动；依法处理扰乱正常医疗秩序等行为，对在医疗机构拉横幅、摆设花圈、设灵堂、违规停尸，驱赶其他就医人员等扰乱医疗机构秩序的，或者聚众打砸和围堵医疗机构，侮辱、威胁医务人员，非法限制医务人员和其他工作人员人身自由等，致使医疗机构诊疗活动无法进行、侵害人民群众合法就医权益的，公安机关接报警后应当立即采取果断措施，及时控制现场，维护正常医疗秩序；对不听劝导、不肯停止过激行为，构成违反治安管理行为的，要依据《治安管理处罚法》有关规定进行查处；构成犯罪的，要依法追究刑事责任。

近年来，涉医违法犯罪呈现上升趋势。据统计，仅 2013 年全国影响较大的伤医暴力案件就有 16 起。其中，温岭杀医案、河北馆陶女医生遭患者家属殴打辱骂后坠楼身亡等案件都成为舆论焦点。

打击涉医犯罪，保障正常的医疗秩序，国家有关部门高度重视。2013 年 12 月 20 日，国家卫生计生委、中央综治办、公安部、司法部等 11 个部门联合印发《关于维护医疗秩序打击涉医违法犯罪专项行动方案》，决定开展为期 1 年的打击涉医违法犯罪专项行动，依法严惩侵害医患人身安全、扰乱正常医疗秩序的违法犯罪活动。

为了更集中、更有效地打击涉医违法犯罪，2014 年 4 月 24 日，最高人民法院会同最高人民检察院、公安部、司法部、国家卫生和计划生育委员会联合制定《关于依法惩处涉医违法犯罪维护正常医疗秩序的意见》（下称《意见》），明确"严格"依法惩处 6 类涉医违法犯罪行为。

《意见》规定，"在医疗机构内殴打医务人员或者故意伤害医务人员身体、故意损毁公私财物""非法限制医务人员人身自由""公然侮辱、恐吓医务人员"及"故意扩大事态、教唆他人实施涉医违法犯罪行为，或者以受他人委托处理医疗纠纷为名实施敲诈勒索、寻衅滋事等"行为将受到依法惩处。

"在医疗机构及其公共开放区域采取违规停放尸体、私设灵堂、摆放花圈、焚烧纸钱、悬挂横幅、堵塞大门等方式扰乱医疗秩序或者其他公共秩序"的行为亦将受到惩处。

2015 年 8 月，最高检再次与有关部门打出"组合拳"，出台《关于深入开展创建"平安医院"活动依法维护医疗秩序的意见》，对加快推进医疗纠纷预防治理法制建设、打击犯罪、改善医疗服务等作出了统一部署。根据该意见，各地检察机关积极行动，对于主观

恶性大、伤害无辜、手段残忍的涉医犯罪，坚决依法予以打击。

2015年8月29日，针对"医闹"这个严重影响社会公共秩序，影响恶劣的现象，全国人大常委会表决通过了《刑法修正案（九）》将《刑法》原第290条的"聚众扰乱社会秩序罪"这一条款增添"医疗"一项，标志着从2015年11月1日起，"医闹"正式入刑。"医闹"情节严重者追究刑责且最高可判7年。

健全机制　快捕快诉

4月14日，深圳市龙岗区检察院以涉嫌聚众扰乱社会秩序罪，依法批准逮捕在龙岗区平湖医院聚众扰乱正常医疗秩序的犯罪嫌疑人王某某等10人；4月22日，随州市曾都区检察院受理案件后，从严从快审查，对该案中的蒋某甲、蒋某乙、代某作出批准逮捕决定，并追捕了在逃的肖某、周某；9月25日，云南省昆明市公安局西山分局发布消息，在处理一起医闹事件中，被拘留的61人中有6人被依法提请检察机关批准逮捕。

严惩涉医违法犯罪，全力保障医患双方的合法权益，努力为医护人员和患者营造安全行医就医环境，检察机关一直在努力。

最高检统计数据显示，自 2013 年 12 月至 2014 年 12 月，全国检察机关审查起诉、法院审理"温岭杀医案"等严重涉医违法犯罪 347 人，有效遏制了涉医违法犯罪高发态势。

检察机关不仅从个案入手，提前介入、快捕快诉，更注重处置机制建设。2014 年 9 月 5 日，四川首个检察机关和公安机关关于涉医案件的处置机制正式建立，该机制对涉医案件中的刑事案件和治安案件进行明确界定。当日，在四川大学华西医院，成都市武侯区检察院与成都市公安局武侯区分局联合会签了《涉医案件处置机制实施办法(试行)》(下称《办法》)。该《办法》的出台标志着四川首个检察机关和公安机关关于涉医案件的处置机制正式建立。该《办法》就常见的在医疗机构内殴打医务人员、医疗机构私设灵堂、非法限制医务人员人身自由等六类涉医违法犯罪行为作出了细化规定，明确违法犯罪的具体行为方式和程度要求，规范对案件的性质认定、证据收集、程序要求等执法标准。

上海市检察机关坚持从快从重打击涉医违法犯罪，充分健全内部机制。浦东新区检察院对事实清楚、证据确实充分的各类暴力杀医、伤医、职业"医闹"以及医患纠纷等引起的扰乱医疗秩序、危害他人人身安全的违法犯罪行为，审查批捕一般在 3 个工作日内审结，审查起诉在 10 个工作日内审结。杨浦区检察院针对涉医严重恶性刑事案件快速反应，指派优秀侦查监督员、公诉人组成应急办案组。奉贤区检察院依托"首办监督员"机制，与区卫生局专人对口联系，及时掌握涉医违法犯罪线索，形成惩处合力，维护正常医疗秩序。

此外，上海市检察机关还与其他部门加强信息沟通，建立预警机制。2014 年 4 月 2 日，虹口区检察院批准逮捕了一起涉及 9 名犯罪嫌疑人的"医托"诈骗案。结合办案，检察官总结了"医托"作案时常用的 7 种骗术，并对如何瓦解"医托"的生存土壤等问题，提出卫生主管部门、城管、工商和公安等各行政部门加大综合治理力度的建议。虹口区检察院牵头区公安分局、市第一医院、建工医院等单位会签相关工作意见，明确了对涉医案件处置流程快速处理、完善信息共享平台、对涉医违法犯罪案件进行风险评估和建立三方纠纷调解机制等内容。

针对涉医违法犯罪行为大多具有群体性、突发性，当事人表达诉求时往往情绪激动等特点，上海市检察机关建立了预警评估机制，提高风险防控能力。检察机关主动加强与各卫生行政管理部门、医疗机构的沟通联系，全面摸排医患矛盾隐患，对可能导致矛盾激化、危及医疗机构、医务人员和患者安全的苗头和倾向，及早介入，引导群众理性维权。加强管控，对同类案件开展风险评估预警，督促医院配合属地派出所全面梳理摸排医院周边的"医闹""医托""号贩""药贩"等重点人员信息，建立健全重点人员资料库，掌握他们的活动特点和规律，对有涉医违法犯罪前科的高危人员，逐一纳入工作视线，制订应急预案，防止矛盾激化。

对重大、疑难、复杂涉医案件，检察机关注重规范法律适用与证据标准。据最高检侦查监督厅相关负责人介绍，在办理广西"6·16"伤医案过程中，最高检和广西壮族自治区检察院均在第一时间督办所在地南宁市西乡塘区检察院，及时介入案件侦查，引导公安机关取证，并对适用法律提出具体指导意见，确保案件办理质量和效率。

打防结合　标本兼治

"积极发挥查办和预防职务犯罪职能，为健康中国建设营造风清气正的环境。"10月21日，最高检发布《关于全面履行检察职能为推进健康中国建设提供有力司法保障的意见》（下称《意见》）中向全国检察机关提出明确要求。

《意见》强调，依法查办医疗、医保、医药和食品等重点领域的贪污贿赂犯罪，突出查办药品、医疗设备采购活动中，医疗机构及工作人员索取、收受销售方财物，为他人谋取利益的犯罪；医务人员利用开处方的职务便利，以各种名义非法收受医药产品销售方财物，为其谋取利益的犯罪；医疗保险、残疾人公益事业、养老服务、健康扶贫工程等领域的职务犯罪；贪污、挪用医疗救助补助资金、防疫资金等特定款物的犯罪；发生在贫困地区青少年营养餐或者营养包行动中的贪污、挪用犯罪；医药卫生、食药安全、安全生产等领域，为谋取不当利益或者寻求庇护，拉拢腐蚀围堵国家工作人员，大搞利益输送，情节严重、性质恶劣的行贿犯罪。突出查办人民群众反映强烈、党委政府关注、新闻媒体曝光、危害后果严重、社会影响恶劣的危害食品药品安全等恶性事件背后的滥用职权、玩忽职守、

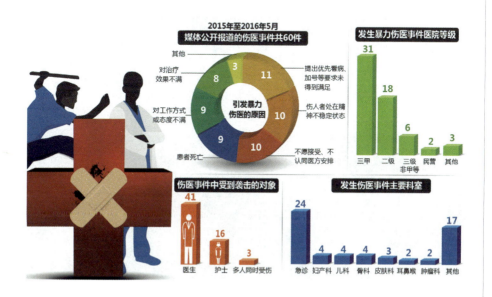

凡是暴力伤医案件，一律列为重大敏感案件，
检察机关必须及时启动重大敏感案件快速反应机制

一旦启动重大敏感案件快速反应机制

● 就要最高检督导，各级检察院上下联动，
及时研判案情，准确作出反应

● 就要组织精干力量，提前介入侦查、
引导取证，保证证据质量

● 就要依法快捕快诉，保证高速高效

徇私舞弊等犯罪；医疗设备和医药产品采购、医保经费核销等领域审批、监管环节发生的失职渎职犯罪。

按照9部门《关于严厉打击涉医违法犯罪专项行动方案》提出的"预防为主、标本兼治、打防并举、健全机制"的原则，坚持系统治理、依法治理、综合治理和源头治理。按照专项行动方案要求，各地检察机关积极落实，迅速行动。

近日，湖北省检察院、省卫生计生委、省综治办、省委宣传部、省网信办、省法院、省公安厅、省司法厅、湖北保监局等9部门联合印发《关于严厉打击涉医违法犯罪专项行动方案》，决定自2016年9月起，在全省开展为期1年的严厉打击涉医违法犯罪专项行动，主要包括依法严厉惩处涉医违法犯罪，组织开展全面检查和重点抽查相结合的全省医疗机构安全大检查，巩固构建和谐医患关系长效机制建设等。

广西壮族自治区检察院、卫计委、区综治办、区党委宣传部、区互联网信息办公室、高级法院、公安厅、司法厅、广西保监局等9部门制定了《关于严厉打击涉医违法犯罪专项行动实施方案》（下称《实施方案》），要求在全区范围内开展为期1年的严厉打击涉医违法犯罪专项行动，严厉打击、依法严惩各类伤害医务人员人身安全、扰乱医疗秩序等涉医违法犯罪行为。要求检察院对伤医案件应当及时受理，加强与公安机关、审判机关的协作配合，快捕快诉。对重大涉医犯罪案件要及时介入侦查，对有案不立、以罚代刑、重罪轻判等问题，依法监督纠正。《实施方案》要求各级公安机关、检察院、法院、卫生计生行政等部门强化部门联动，严惩涉医违法犯罪，着力突出"有法必依、执法必严、违法必究"，使打击涉医违法犯罪法治化、常态化。同时，完善法律法规和制度体系，抓紧推进医疗纠纷预防与处置地方立法工作，完善法律法规和制度体系，为医疗纠纷调处提供法治保障。

目前食品药品安全的保障力度还不够，应该加大打击力度，形成震慑，为老百姓撑腰解气。建议从多方面入手防止和减少危害群众利益犯罪，办案过程中充分考虑老百姓的利益和情绪，对涉及弱势群体以及群众利益的案件要进一步加大打击力度。

姜援朝
全国人大代表、
石家庄陆军指挥
学院原政委

对危害食品药品安全犯罪的法律处罚太轻，应该严惩不贷，纳入个人诚信，列入黑名单，终生不得从事相关行业。

司艳华
全国人大代表、
内蒙古兴安盟
人民医院院长
助理

对于近期发生的疫苗案，行政部门存在严重渎职、严重的行政不作为，检察机关在对这些危害食品药品安全犯罪、残害儿童的犯罪分子、监管部门不作为和渎职行为要坚决从严从重打击，维护国家的国际地位、国家形象。

贺优琳
全国人大代表、
广东中山纪念
中学原校长

全国检察机关依法办理了一批危害食品药品安全的犯罪案件，有力打击了各类危害食品药品安全的违法犯罪活动，在这方面还要健全信息共享机制，加大力度坚决严惩此类犯罪，加大信息公开的力度。

周奕丰
全国人大代表、
广东塑料交易所
股份有限公司首
席交易员

加大对危害食品药品安全犯罪案件的立案监督，加强对国家利益、社会公共利益、弱势群体权益的保护，尤其民事行政检察工作更大有可为，而且监督不能等事发之后再监督，要创新事前监督机制，可能在食品安全领域事前监督更有效，更好地维护公平正义。

周卫健
全国人大代表、
中国科学院院
士、九三学社中
央常委

建议要加大打击危害食品安全力度，加强企业诚信体系建设，维护餐桌安全。

明生
全国人大代表、
中国佛教协会
副会长

落实两法衔接 打击危害食药安全犯罪

各级检察机关积极落实最高检要求，对于危害食品药品安全犯罪加大打击力度，并在实践中探索完善行政执法和刑事司法的衔接，建立协作机制，准确把握人民对幸福生活的期盼，更好地保障和改善民生

2016年12月9日，备受关注的山东非法经营疫苗案在山东省济南中级人民法院一审开庭。公诉机关指控，被告人庞某某、孙某母女在未取得《药品经营许可证》等资质条件下，非法经营销售疫苗等药品，金额达7400多万元。两名被告人均当庭认罪。

2016年，检察机关继续深入开展危害食品药品安全犯罪专项立案监督活动，从严打击危害食品药品安全犯罪。1月23日，最高人民检察院检察长曹建明在全国检察长会议上表示，让人民群众吃得放心、用药安全。要求各级检察机关要继续深入开展危害食品药品安全犯罪专项立案监督活动，严格落实最高检与国家食品药品监督管理总局、公安部等部门联合制定的《食品药品行政执法与刑事司法衔接工作办法》，促进食品药品安全治理体系建设。3月25日，最高检召开全国检察机关学习贯彻全国两会精神电视电话会议，曹建明强调要深入开展危害食品药品安全犯罪专项立案监督，依法从严惩治相关刑事犯罪，认真落实食品药品行政执法与刑事司法衔接工作办法，结合办案深入分析监管漏洞，及时提出检察建议，推动织密监管"防护网"。

8月3日，反贪污贿赂总局下发了《关于严肃查办和积极预防食品药品监管领域职务犯罪的通知》（下称《通知》），要求各级检察机关职务犯罪侦防部门坚决贯彻落实"四个最严"要求，切实增强责任感和紧迫感，为"严把从农田到餐桌、从实验室到医院的每一道防线"提供有力司法保障。《通知》强调，各级检察机关要坚持贪渎并惩，重点查办六类职务犯罪案件。

各级检察机关积极落实最高检要求，对于危害食品药品安全犯罪加大打击力度，并在实践中探索完善行政执法和刑事司法的衔接，建立协作机制，准确把握人民对幸福生活的期盼，更好地保障和改善民生。

据侦查监督厅相关负责人介绍，最高检与全国"双打"办密切协作，推动打击侵权假冒领域信息共享平台广泛建立，截至2016年11月，全国已有28个省（自治区、直辖市）

建成省级信息共享平台，其中由检察机关建设完成10个。为了加强平台的管理使用，与全国"双打"办会签下发了《打击侵权假冒行政执法与刑事司法衔接工作信息共享系统管理使用办法》。通过专项立案监督活动发现并移送危害食品药品安全类涉嫌职务犯罪线索29件42人，已立案15件23人。

加强指导　落实两法衔接

　　2016年3月，山东济南非法经营疫苗系列案件发生后，最高检党组高度重视，曹建明检察长、邱学强副检察长、卢希局长分别作出重要批示，反贪污贿赂总局二局迅速行动，指导各地检察机关反渎职侵权部门查办了一批在疫苗采购、流通、使用等环节监管失职渎职犯罪案件，及时回应广大人民群众关切。反贪污贿赂总局二局相关负责人介绍："我局领导先后带员赴江苏、河北、山东、内蒙古等地进行调研指导，引导各地从讲政治、讲大局的高度深刻认识相关案件查办工作的重要性，及时研究解决查办案件过程中出现的新情况新问题，严把主体、证据、事实、法律适用和危害后果五个关口，确保中央、国务院和最高检领导相关指示不折不扣的落到实处，努力实现查办案件法律、社会和政治效果的有机统一。目前，山东、河南、河北等12个省（自治区、直辖市）立查非法经营疫苗背后渎职等职务犯罪案件共174人，侦查终结126人，起诉97人，判决18人。"

2016年6月28日，国家卫生和计划生育委员会医政医管局原局长王某涉嫌受贿犯罪一案，由四川省南充市人民检察院依法向南充市中级人民法院提起公诉。最高检反贪污贿赂总局一局相关负责人介绍："此案经最高人民检察院指定四川省管辖，在侦查阶段，我局指挥四川省检察院依法查办，并发现卫生系统其他涉嫌职务犯罪线索17人，其中中央部委7人，局级干部2人，经报批依法对其进行指定管辖和交办。同时，配合国家卫计委纪检组开展了对卫计委系统系列案件深刻剖析活动，先后两次陪同卫计委纪检组同志深入四川省市两级院开展座谈讨论，共同分析该领域职务犯罪的特点和规律，提出加强制度监管的意见和建议。"

据了解，在风险防控方面，反贪污贿赂总局三局结合办案实际，指导各级预防部门全面排查食品药品监管环节职务犯罪风险点，通过检察建议督促相关单位纠正改进，努力将各类风险隐患消除在萌芽阶段，通过举办展览、讲座，开展预防咨询等形式，对食品药品监管部门工作人员进行法治宣传和警示教育，筑牢防范职务犯罪的思想防线，提高防腐拒变的能力，要求各级检察院深入查办有关食品药品安全监管机制体制的漏洞和问题，从完善制度、严格管理、加强监督等方面，形成高质量的预防调查报告，促进主管监管部门细化职责分工、堵塞监管漏洞和解决监管空白、边界不清等问题。

专项打击全面覆盖

2016年12月，浙江省温州市中级人民法院联合市内鹿城、瓯海、乐清、瑞安、平阳、永嘉、苍南等法院集中宣判了18起制售伪劣药品及危害食品安全犯罪案件，共25名被告人获刑。据了解，此次集中宣判的18起制售伪劣药品及危害食品安全犯罪案件犯罪形式多样，如：销售我国为防控疾病传入等特殊需要而明令禁止生产、销售的巴西牛副产品和印度牛肉；美容会所注射"美容针""瘦脸针""溶脂针"；生产销售用猪肉制作的伪劣牛肉制品；在生产、炸制油条过程中添加过量的铵明矾；将养猪场内未经检验检疫的淘汰猪贩卖给他人；通过非正规渠道购进"伟哥"等性保健品后再予以销售；销售未经批准进口的药品；用工业盐冒充食用盐进行销售等。

2016年，全国检察机关深入开展打击危害食品药品安全犯罪。6月20日，山东省公安厅日前召开打击食品安全犯罪新闻发布会，通报了自2015年6月以来全省公安机关相继组织开展的一系列专项打击行动，并发布了十大典型案例。其中，山东省日照市公安机关侦破一起制售有毒有害猪肉冻案，抓获犯罪嫌疑人14名，现场查扣猪肉冻成品、半成品4000余公斤。经查，2015年以来，犯罪嫌疑人庄某某在加工猪肉过程中掺入工业明胶，生产猪肉冻进行销售。庄某某等14名犯罪嫌疑人以涉嫌生产、销售有毒有害食品罪被依法移送起诉。临沂市公安机关侦破一起制售有毒有害狗肉案，抓获犯罪嫌疑人10名，现场查扣狐狸肉10余吨、熟狗肉制品16箱，工业明胶、胭脂红等原料一宗。潘某某等10名犯罪嫌疑人以涉嫌生产、销售有毒有害食品罪被依法移送起诉。

在江苏，百余元一瓶的溶脂针和几元一支的肌肉抑制剂，搭在一起销售的价格高达三四千元，利润率达数十倍。6月25日，江苏省检察院向社会发布2016年以来打击危害食品药品安全的犯罪情况及部分典型案例，一些案例触目惊心。数据显示，2016年1月至5月，江苏省检察机关共对危害食品药品安全类犯罪177件335人提起公诉，其中起诉生产、销售假药罪54件127人，起诉生产、销售不符合安全标准食品罪21件50人，起诉生产、销售有毒、有害食品罪102件158人。从起诉情况来看，危害药品安全犯罪中美容整形类药品案件占比较大，危害食品类案件中养生保健品类案件占比较大。在起诉的生产销售假药案件中，销售玻尿酸、肉毒素、美白针等美容整形类药品案件12件，占22%，比去年同

2016 年重点查办六类职务犯罪案件

01 一是人民群众反映强烈、党委政府关注新闻媒体曝光，损失后果严重以及社会影响恶劣的危害食品药品安全的渎职犯罪案件；

02 二是食品药品安全恶性事件涉及的渎职犯罪案件；

03 三是负有食品药品安全监管职责的国家机关工作人员对辖区内存在的食品药品行业"潜规则"不闻不问，致使国家和人民利益遭受重大损失的渎职犯罪案件；

04 四是以罚代刑，对依法应当移交司法机关处理的危害食品药品安全的刑事犯罪案件不移交的渎职犯罪案件；

05 五是徇私舞弊，伪造食品检验结果及动植物检疫结果，或对应当检验检疫的不检验检疫以及延误出证、错误出证的渎职犯罪案件；

06 六是国家工作人员索贿受贿、充当"保护伞"的犯罪和食品药品生产经营者为谋取不正当利益而拉拢腐蚀围猎国家工作人员的行贿犯罪。

期增长 6 倍；销售保健品案件 63 件，占 61.76%。上述案件犯罪成本低、收益高，价值低廉的药品动辄以数千元价格通过网络和实体同步进行销售，因被害群体特殊，报案少、发现难。随着对"地沟油""病死猪肉""假牛肉"等案件的严厉打击，危害食品安全的手段变得更加隐蔽，在食品中非法添加罂粟壳等成瘾性毒害物质的案件明显增加，2016 年起诉此类案件 18 件。

探索建立协作机制

2016 年 4 月以来，广东省检察机关联合环保、食药监、公安等部门开展了"危害食品药品安全犯罪专项立案监督活动"。11 月，广东省检察院和省食药监局联合下发《关于在惩治和预防渎职侵权违法犯罪工作中加强协作配合的意见》（下称《意见》），要求全省检察机关和食药监部门加强协作配合，共同做好惩治和预防食品药品领域的渎职侵权违法犯罪工作，维护人民群众的根本利益，保障人民群众的饮食用药安全。

根据《意见》要求，双方将成立惩治和预防渎职侵权违法犯罪工作领导小组，由广东省检察院、省食品药品监管局分管领导任组长；建立联席会议和联络员制度，具体跟进、落实联席会议作出的相关决议、部署，全面有效推进惩治和预防渎职侵权违法犯罪工作。同时，建立信息共享和案件线索移送机制。《意见》规定，广东省食品药品监管局在查处渎职侵权违法违纪案件中，发现有关人员涉嫌渎职侵权等违法犯罪的，应及时将案件线索移送省检察院，并附证据材料和有关意见或建议等；省检察院在查办食品药品领域渎职侵权犯罪案件中，发现省食品药品监管局在制度与管理等方面存在重大问题或漏洞，可向省食品药品监管局提出检察建议，省食品药品监管局应当认真研究，督促整改，强化预防。

据统计，4 至 11 月，广东省检察院共监督行政执法机关移送危害食品药品安全犯罪238 件 287 人，监督公安机关立案 69 件 124 人；1 至 11 月，批捕涉及危害食品药品安全类犯罪的嫌犯 2415 名。

上海市检察院积极回应全国人大代表的关心关切，在市食药安办牵头下，上海市检察院还会同市食药监、公安局、法院联合会签了《关于加强食品药品安全犯罪行政执法与刑事司法衔接工作的实施细则》。11 月 17 日，上海市检察院举行检察开放日活动，邀请公安、法院、环保、食药监督机构负责人以及高校专家参与"上海检察机关破坏环境资源和危害食品药品安全犯罪专项立案监督活动"优秀案（事）例评审。部分在沪全国人大代表、市人大代表、部分新闻媒体代表应邀到现场观摩评审。

据统计，从 2015 年 3 月至 2016 年 10 月的 20 个月，上海市检察机关依托行政执法与刑事司法衔接机制，共建议行政执法机关移送涉嫌危害食品药品安全类案件 261 件 330 人。

足迹 2016
一路上有你

检察机关要更好履行预防腐败的职能，将依法严查严惩和预防腐败工作有机结合。检察机关要积极有为，在预防腐败工作中担当更多的政治和社会责任。

胡季强
全国人大代表、浙江康恩贝集团董事长

建议进一步加强职务犯罪的侦防工作，既要查办发生在党政机关的贪腐大案要案，也要重视查处发生在群众身边的侵害群众利益的小官贪腐；检察机关查处渎职犯罪案件要区分非法谋取私利后的渎职犯罪和没有谋取私利的渎职犯罪。

郭晓瑞
全国人大代表、民建浙江省委员会副主委

当前一些国家机关工作人员为官不作为、胡作为、乱作为，有的造成重大人员伤亡，有的造成公共财产、国家和公民财产重大损失，影响社会的和谐稳定。检察机关应进一步加大查办和预防渎职侵权犯罪案件的力度，促进依法行政。

沈金强
全国人大代表、民建中央常委、重庆市委主委、重庆市人大常委会副主任

要进一步加大查办和预防职务犯罪工作力度，严肃查处失职、渎职行为，坚决惩治发生在群众身边的虚报冒领、克扣侵占等犯罪，用法治手段调动广大干部干事创业的积极性和主动性。

李建华
全国人大代表、宁夏回族自治区党委书记、人大常委会主任

建议进一步加大反腐败力度。要保持反腐败斗争的高压态势，有腐必惩。要加强办理民生领域的贪腐案件，加大办理征地拆迁、社会保障、教育、医疗等领域的贪腐、渎职案件力度。

张素荣
全国人大代表、鞍山华夏巾帼社区服务有限公司工程师

审判"老虎"密集推进

2016年1月至11月，最高检公布的职务犯罪信息达371条，检察机关共查办省部级及以上官员58人

2016年，最高检认真贯彻中央反腐败决策部署要求，集中力量突出查办十八大以后不收敛、不收手，问题严重、群众反映强烈的职务犯罪大要案。据最高人民检察院官方网站案件通报数据统计，1月至11月，最高检公布的职务犯罪信息达371条，检察机关共查办省部级及以上官员58人。

异地审理确保司法公正

截至2016年9月30日，十八大后全国有28名省部级及以上官员已获刑。2016年受审的21名省部级及以上高官中，令计划、王敏2人已获刑，其余19人将等待宣判。

在已获刑的28人中，周永康，令计划，万庆良，刘铁男，中央军委原副主席郭伯雄、内蒙古自治区党委原常委、统战部原部长王素毅6人被判处无期徒刑；中石油原副总经理王永春、四川省文联原主席郭永祥、倪发科等21人被判处11年至20年不等的有期徒刑；只有童名谦被判处有期徒刑5年，为刑期最短者。北京市第二中级法院指出，童名谦玩忽职守，情节特别严重，应依法从重惩处；但童名谦主动投案自首，认罪、悔罪态度较好，量刑时酌予考虑，遂依法作出上述判决。

纵观2016年受审的省部级及以上高官，均当庭表示认罪悔罪。他们之中，多数人能够平静"忏悔"。与往年相比，2016年过堂"老虎"出现最"贪"。排在第一的是全国人大环境与资源保护委员会原副主任委员白恩培，被控受贿超2.4亿元创下纪录；排在第二的是朱明国，受贿金额1.41亿余元。

已获刑的28名省部级及以上官员，除全国政协经济委员会原副主任杨刚在北京受审，其余均为异地审理，天津、湖北为4人，北京、河北为3人。

而2016年已开庭受审的21名省部级及以上官员中，除张力军受贿案、徐建一受贿案在北京审理外，在辽宁审理最多，为3人。

"老虎公诉季"体现"刑九"修法精神

按照《刑法修正案（九）》规定，贪污数额较大或者有其他较重情节的，处三年以下有期徒刑或者拘役，并处罚金；贪污数额巨大或者有其他严重情节的，处三年以上十年以下有期徒刑，并处罚金或者没收财产；贪污数额特别巨大或者有其他特别严重情节的，处十年以上有期徒刑或者无期徒刑，并处罚金或者没收财产；数额特别巨大，并使国家和人民利益遭受特别重大损失的，处无期徒刑或者死刑，并处没收财产。

"数额较大""数额巨大""数额特别巨大"，在具体办理案件过程中对应的量刑标准，在最高检、最高法于4月18日发布的《关于办理贪污贿赂刑事案件适用法律若干问题的解释》中得到回答。"数额较大"的一般标准为三万元；"数额巨大"的认定标准是二十万元以上不满三百万元；"数额特别巨大"的认定标准为三百万元以上。

10月9日，河南省安阳市中级人民法院公开宣判白恩培受贿、巨额财产来源不明案，对被告人白恩培判处死刑，缓期两年执行，剥夺政治权利终身，并处没收个人全部财产，在其死刑缓期执行两年期满依法减为无期徒刑后，终身监禁，不得减刑、假释。

据了解，曾担任云南省委书记长达10年的白恩培受贿金额达2.46亿元，创下十八大后落马"老虎"受贿金额的最高纪录，他也成为《刑法修正案（九）》自去年11月1日施行以来被判终身监禁的第一人。

除被判死缓的白恩培，2016年以来还有6人被判处无期徒刑，分别是令计划、郭伯雄、万庆良、申维辰、谭力、金道铭。而在2016年以前，十八大以来落马被判刑的20名原省部级以上高官中仅有3人被判处无期徒刑，现在这一人数则达到了9人。

此外，被判处15年有期徒刑的有两人，分别是李东生和聂春玉，其余均为12年。

截至2016年10月21日，最高人民检察院官方网站公布的职务犯罪大要案信息多达322条，其中新增立案侦查省部级以上官员21人，提起公诉35人（未包含郭伯雄被提起公诉的信息），提起公诉的人数已经是去年提起公诉总人数（22人）的1.5倍，被专家称为是检察机关的"老虎公诉季"。

十八届六中全会之后，11月也有9只"老虎"案件宣判，内蒙古自治区政协原副主席赵黎平获死刑，他也成为十八大后首个被判死刑的"老虎"；广东省政协原主席朱明国获死缓，2人获10年以下有期徒刑，分别为环保部原副部长张力军被判处有期徒刑4年，河北省委原常委、组织部部长梁滨被判处有期徒刑8年；其余5人获10年以上有期徒刑。

另外，中石化"首虎"王天普受审，辽宁"首虎"陈铁新、甘肃"首虎"陆武成、新疆"首虎"栗智、河北"首虎"梁滨案宣判。辽宁省政协原副主席陈铁新犯受贿罪被判处有期徒刑13年零9个月，甘肃人大原副主任陆武成犯受贿罪被判处有期徒刑12年零6个月，新疆人大原副主任栗智犯受贿罪被判处有期徒刑12年，梁滨获刑8年。

规范案件侦办出成果

按照邱学强副检察长提出的"统一思想，加大力度，狠抓质量，提高效率，规范安全"的总要求，紧紧围绕"四个全面"战略布局，保持惩治腐败的高压态势。最高检反贪污贿赂总局坚持以法治为引领，以办案为中心，严格依法查办职务犯罪，推动党风廉政建设和反腐败斗争取得明显成效。

根据最高检的统一安排，最高检反贪污贿赂总局负责原环保部副部长张力军涉嫌受贿案的侦查工作。最高检反贪污贿赂总局以对法律高度负责的态度，全力以赴、群策群力，严格依法规范文明地进行

侦查活动，2个月内完成了全案的侦查工作并移送审查起诉，切实规范案件侦办程序，未退回补充侦查。该案目前人民法院已审理完毕，以受贿罪判处张力军有期徒刑4年、罚金50万元。

截至11月30日，最高检反贪污贿赂总局共立案侦查中管干部贪污贿赂犯罪案件24件，其中，中央单位（含中央企业）省部级以上干部6件，地方省部级干部15件，中管正局级干部3件。包括去年结转28件，共办理中管干部贪污贿赂犯罪案件52件，已侦查终结41件。共受理中央国家机关、企事业单位局级干部贪污贿赂犯罪线索102件，审查后移送其他机关30件，通过交办、指定管辖指挥下级院办理72件，发现并向中央纪委移送4名副部级领导干部涉嫌职务犯罪线索。

足迹 2016

一路上有你

李斌
全国人大代表、海军原政治部副主任

建议在反腐败斗争中打虎、拍蝇要紧密结合，特别是对县以下基层的腐败，社会危害性大，要加强措施，进一步加大打击力度。

刘锦绣
全国人大代表、湖北省罗田县锦绣林牧专业合作社理事长

建议关口前移，做好惩治、防范，加大对农村基层工作人员的教育力度；提前做好预防犯罪工作，如当下的扶贫攻坚工作。

危朝安
全国人大代表、广西壮族自治区人大常委会副主任

应继续加强对发生在涉农惠农扶贫领域职务犯罪的打击力度；加强换届选举的司法保障，依法查处贿选等职务犯罪行为，惩防并举，抓出实效。

吴大明
全国人大代表、广东省汕头市华汕电子器件有限公司工程部主管工程师

建议老虎苍蝇一起打，但更要打击群众身边的腐败分子，其反腐的效果更直接更明显。

徐守盛
全国人大代表、湖南省委书记、湖南省人大常委会主任

建议将司法政策和工作重点进一步聚焦基层贪腐、执法不公等人民群众反映强烈的突出问题，部署更多专项打击行动，严肃惩治损害群众利益的行为。

王波
全国人大代表、黑龙江省哈尔滨市电机厂有限责任公司副总专业师

建议加大对政府专项资金在最基层落实的监督，预防发生在最基层的腐败犯罪，切实让群众得到国家政策的利益。

"拍蝇"行动瞄准扶贫领域

针对群众反映强烈的突出问题，进一步加大对发生在群众身边的职务犯罪的查处力度，征地拆迁、抢险救灾和惠农扶贫成为检察机关重点查办的领域

　　2016年1月23日，全国检察长会议在北京召开。最高检检察长曹建明在部署新一年反腐工作时提到，要严肃查处基层腐败犯罪，依法惩治群众身边的"蝇贪"。反贪污贿赂总局认真贯彻落实中央部署要求，针对群众反映强烈的突出问题，进一步加大对发生在群众身边的职务犯罪的查处力度，征地拆迁、抢险救灾和惠农扶贫成为检察机关重点查办的领域，尤其是惠农扶贫涉及面大、多处最基层，成为检察机关"拍蝇"的重中之重。

犯罪主体"一低一高"

　　从检察机关查办的案件看，扶贫领域主要犯罪主体相对固定，呈现出职务低、发案率高"一低一高"的显著特征。这类职务犯罪案件多发生在县、乡、村三级，涉案人员包括村党支部书记、村委会主任、村会计、村出纳等"两委"成员和村民组长等村组干部，乡镇站所工作人员和部分县级职能部门工作人员，科级以下工作人员和村组干部占了较大比例。一些省份村"两委"负责人案件超过了整个涉农扶贫领域职务犯罪的半数，有的市县更高达70%至80%。另外，基层扶贫部门的一些领导人员也成为职务犯罪的易发高发人群。

　　扶贫领域涉及环节长，人员多，给检察机关监督和预防贪腐造成一定难度。最高检反贪污贿赂总局相关负责人介绍，各地检察机关采取了多种措施，重点在发现线索和精准预防上下功夫。一些地方检察院与扶贫部门一道，对本地中央扶贫资金、项目进行梳理，摸清扶贫资金的种类、规模、用途等信息，逐项列出清单，全面了解掌握资金项目的发放条件、审批权限、申请流程等信息。通过紧紧抓住"项目清单""资金流向"两条主线，来盯住职务犯罪的易发领域和薄弱环节，为查办和预防职务犯罪提供明确指引。

　　一些地方检察院积极发挥派驻检察室的职能作用，加强扶贫资金末端环节的管理、申请和方法宣传，充分发动群众开展监督，发现和预防职务犯罪。一些地方检察院突出精准警示教育，联合扶贫部门深入重点乡镇、村社，有针对性地开展扶贫政策、资金使用宣传教育、

预防咨询等内容，提高扶贫干部法律意识。与扶贫部门密切配合，充分利用警示教育基地，对涉及扶贫开发工作的单位和人员定期开展系统性的警示教育。

"另外，我们也指导地方检察机关挑选典型案例，采取以案释法、组织旁听庭审等形式，突出震慑警示教育作用，时刻敲响警钟。"该负责人表示。

严打"不作为"与"乱作为"

在检察机关办案中，少数负有监管职责的基层干部，不作为、乱作为，致使国家的农村危房改造资金被骗取，引发补贴错位，使真正符合条件的贫困群众没有得到补贴。针对这些问题，检察机关依法严肃查处背后的职务犯罪行为，保障国家政策的有效落地。

对负责项目审查核验的国家机关工作人员，如果因疏忽大意，没有认真履行审查职责，造成危房改造资金遭受重大损失，要以玩忽职守罪追究其责任。

对明知申报材料不符合农村危房改造条件，却故意违规行使职权或超越行使职权的，要以滥用职权罪追究其责任。将骗取的补贴资金据为己有的，要以贪污罪追究。

如果国家机关工作人员还收受了申请人的财物，并且达到立案标准的，要以受贿罪追究。对于通过国家机关工作人员骗取农村危房国家补贴的犯罪分子，检察机关根据案情不同，以贪污罪共犯、诈骗罪等罪名追究其刑事责任，并第一时间将赃款追回，挽回损失。

最高检反贪污贿赂总局相关负责人介绍，为有效查处农村危房改造领域的职务犯罪，许多地方检察机关结合本地实际情况，开展了查办农村危房改造领域职务犯罪的小专项活动，取得了良好的效果。

入刑点与量刑受情节影响

从有关部门公布的一些典型案例来看，扶贫领域贪腐犯罪中，涉案金额很多是几万元或几十万元。2016 年 4 月 18 日，最高法、最高检通过了《关于办理贪污贿赂刑事案件适用法律若干问题的解释》（下称《解释》）。整体来讲，《解释》调整了贪污贿赂犯罪追诉和量刑标准，将普通贪污受贿犯罪的入刑点由 5000 元调整为 3 万元。

一些地方扶贫领域贪腐案件涉及的案值比较小，新的司法解释出台后可能会对这类案件产生一定影响。对此，一方面，最高检要求地方检察机关严格执行《解释》的有关规定。另一方面，最高检也明确要继续保持打击扶贫领域贪腐犯罪的高压态势。

反贪污贿赂总局相关负责人强调，"必须注意到，贪污扶贫款物犯罪的起刑点是 1 万元而不是 3 万元，对受贿金额在 1 万元以上 3 万元以下的，要查明其是否具备《解释》第一条规定的'其他较重情节'，如果存在，也要依法追究其刑事责任。还有，对经查明确实不构成犯罪但涉嫌违纪的，要移送纪委等部门严肃处理，绝不让一个腐败分子逃脱惩处。"

2016年1月至2020年12月
全国检察机关和扶贫部门共同开展为期5年的集中整治和加强预防扶贫领域职务犯罪专项工作

- 依法查办发生在扶贫领域贪污贿赂、渎职侵权等职务犯罪案件
- 将扶贫开发惠农领域的职务犯罪一并纳入专项工作
- 推动建立健全财政专项扶贫资金预防监督机制
- 建立扶贫领域基础数据联通机制，健全线索快速移送和案件查办协作配合机制
- 扶贫部门12317举报电话收到涉扶贫领域职务犯罪的举报线索，可直接移送同级检察机关

"拍蝇"带出大案

2016 年以来，最高检反贪污贿赂总局认真贯彻落实中央部署要求，针对群众反映强烈的突出问题，进一步加大对发生在群众身边职务犯罪查处力度，在惠农扶贫领域之外，"拍蝇"也带出了一批大案。

最高检反贪污贿赂总局共指导办理审计署移送职务犯罪案件线索 42 件，派人赴广东、内蒙古等 9 省区市实地督办。其中，指导广东省检察机关办理深圳市涉嫌违规低价出让土地造成国有权益重大损失案，已对 3 名厅级干部和 8 其他人员立案侦查，涉嫌受贿金额近 1 亿元，滥用职权造成国家损失达 9 亿多元。指导陕西省检察机关办理西安市有关单位涉嫌在城中村改造中侵蚀国有权益案，目前已立案侦查 23 人。指导内蒙古检察机关办理鄂尔多斯市杭锦旗低价转让探矿权造成国有权益损失案，目前已对乌兰察布市原市委书记王学丰和鄂尔多斯市人大原副主任包生荣等 2 名厅级干部立案侦查。指导辽宁省检察机关办理大连市公职人员涉嫌失职渎职致使财政支付的拆迁补偿资金被骗取案，目前已立案侦查 11 人。

据统计，1 至 11 月，全国共立案查办社会保障、征地拆迁、教育医疗等民生领域的职务犯罪 7418 人。

刘慧
全国人大代表、
宁夏回族自治区
党委副书记

建议检察机关在严肃查处腐败犯罪的基础上，要前移关口，防患未然，建立健全更加完善有效的预防职务犯罪的体制机制。

王民
全国人大代表、
吉林利源精制股
份有限公司董事
长兼总经理

建议在加大对职务犯罪打击力度的同时，也要进一步研究和探索将打击与预防、教育、保护干部相结合，达到惩戒与教育干部、挽救干部、挽救家庭的有机统一。

刘忠平
全国人大代表、
广东省和平县水
果研究所所长

建议要加强预防警示教育力度，特别是基层检察机关要结合农村换届选举加大对职务犯罪的预防宣传。

戴仲川
全国人大代表、
华侨大学法学院
副院长

建议重视渎职侵权犯罪的预防工作，对于渎职侵权犯罪，要多调查，少立案，慎拘捕，更加注重预防，依法保护干部大胆开展工作的积极性。要把涉企职务犯罪预防工作放在更加突出的位置来抓，帮助企业更好地预防职务犯罪。

林宝金
全国人大代表、
福建省南平市
人民政府市长

建议进一步加大预防犯罪工作力度，通过检察建议防止和减少行业性、系统性职务犯罪的发生。

张恩亮
全国人大代表、
黑龙江省黑河市
市长

建议加大预防职务犯罪力度，教育、挽救和惩处相结合，注意总结不同行业职务犯罪的内在规律提出精准检察建议。

辛琰
全国人大代表、
山西省晋中市副
市长

希望加强预防工作，加强警示教育，让大家不敢犯、不愿犯，用身边人、身边事来进行教育特别震撼，触动也会更大，效果也会更好。

制度预防特色鲜明

2016年1月到10月，最高检反贪污贿赂总局指导推动各级预防部门共制作预防报告2444件，通过预防报告推动建立制度1064件

职务犯罪预防被称为"出生产力"的检察工作，不仅体现在间接保证群众的合法利益免受侵害，更体现在重点领域和关键环节能够促进改革、促进制度建设、促进经济社会发展。

三项工作有回音

2016年1月到10月，最高检反贪污贿赂总局指导推动各级预防部门共制作预防报告2444件，通过预防报告推动建立制度1064件；提出预防检察建议5966件，被采纳4665件，通过检察建议推动建立制度2060件；移送职务犯罪线索282件，其中已立案172件。

在推动制作预防报告方面，河南省检察院将其列入本省第十二届人大常委会听取内容，报告显示河南省检察机关与金融、税务、烟草、医药等系统建立了预防职务犯罪工作联系制度，帮助完善行业预防体系；对南水北调、郑州地铁、郑州航空港经济综合试验区建设等6108个重点项目开展了专项预防工作。

在检察建议采纳方面，尤其值得一提的是全国检察机关每年办理一批民事执行检察监督案件，提出的检察建议得到了法院的积极回应。据调研统计，检察建议主要针对法院执行款物管理不规范、选择性执行或消极执行、执行程序违法等问题提出，其中执行款物管理不规范涉及的问题主要有拖延支付、截留、挪用、侵占、贪污以及管理不规范、违规发放分配等。为加强对执行案款的管理，"两高"于2016年4月启动了执行案款集中清理活动，取得了明显成效。

在移送职务犯罪线索方面，职务犯罪预防部门注重在专项活动中发现犯罪线索。如安徽省坚决惩治破坏生态环境资源、危害食品药品安全的犯罪，积极守护绿水青山，监督行政执法机关移送犯罪线索188人，公安机关已立案147人；聚焦精准扶贫部署，开展惩治惠农扶贫领域职务犯罪专项工作，立案查处389人。

三年预防工作得肯定

2016 年，最高检反贪污贿赂总局起草并以最高检党组名义上报《十八大以来全国检察机关惩治和预防职务犯罪情况报告》，报告显示，近 3 年预防建议采纳率 84.6%，推动建立 22400 项制度。

正在兴建的山东济南港新园公租房项目现场，检察官联系大项目公示牌、职务犯罪风险防控流程宣传栏、"检察服务站"和专门举报箱……一股浓浓的预防职务犯罪气息扑面而来。

这是检察机关积极参与工程建设领域专项治理，为大项目建设筑起预防职务犯罪"防护墙"的一个片段。

"党的十八大以来，检察机关紧紧围绕党中央防风险、促发展的部署要求，构建廉洁政治生态的决策部署，积极发挥预防职务犯罪职能，促进形成不敢腐不能腐不想腐的有效机制。"4 月 14 日至 15 日，在全国检察机关职务犯罪侦查预防工作会议上，最高检反贪污贿赂总局相关负责人表示。

据统计，2013 年至 2015 年，全国检察机关结合办案实际共提出预防检察建议 73141 件，预防建议采纳率 84.6%，推动建立 22400 项制度。同时，积极推进预防职务犯罪立法，目前全国已有 19 个省份出台了预防职务犯罪条例或决议。

这位负责人介绍,近年来,各级检察机关积极履行预防宣传和警示教育、预防调查和预防咨询、职务犯罪专项预防、行贿犯罪档案查询、职务犯罪案例分析,推进制度建设六项职责,推动预防职务犯罪工作创新发展。

紧密结合预防调查和专项预防两项职责,湖南省检察机关先后组织对新农合、农机领域、生猪补贴、淘汰落后产能、农民工培训、扶贫攻坚、工程建设等重点领域和行业开展专项预防调查,形成专题报告供省委、省政府及有关部门决策参考。

各地检察机关不断改进预防方式、创新预防手段,预防成效日益显现。2014年至2015年,江苏省检察机关共介入重大工程预防778个,向有关单位发出预防检察建议804件,被采纳率达80.5%,推动建立完善制度316项。

地方制度预防各有特色

在反贪污贿赂总局的指导下,各级检察院根据自身特点,在职务犯罪预防工作中使用多种形式推进制度建设。

浙江省检察机关通过开展"百场典型案件剖析警示教育活动",对近年来查办的665件典型案件进行了深入剖析,召开职务犯罪案件剖析会107场,提出预防建议142份,推动有关党政机关和行业系统建立完善制度157个。如金华市检察院通报了近年来全市广电系统窝串案件查处情况并进行剖析,提出了对策和建议;播放了包括涉案人员的悔罪视频、悔过书以及警示教育内容的短片;金华广电总台、义乌、武义广电台分别就本单位发案情况进行对照检查。

江西赣州市章贡区大力推进职务犯罪预防,深入开展个案预防、系统预防和专项预防,12份预防调查报告获得党委政府领导的批示,1份被最高检评为"全国百优"调查报告;向有关单位发出检察建议书203份,促使发案单位查漏补缺、建章立制,2份检察建议获评全省检察机关优秀检察建议。

湖南省院、吉林省院、江苏省院撰写的经验材料,分别受到最高检领导和总局领导的批示和肯定。在第二届全国检察机关惩治和预防职务犯罪"百优年度报告"评选活动中,湖南省人民检察院推荐嘉禾县人民检察院参评的《2010年-2015年度嘉禾县职务犯罪发生情况、发展趋势和预防对策综合报告》荣获"百优年度报告"。该院深入乡镇村组,采取个别座谈、重点走访等形式,对5年来查办的职务犯罪案件进行梳理、剖析,形成了《2010年-2015年度嘉禾县职务犯罪发生情况、发展趋势和预防对策综合报告》。该报告立足实际,充分体现了服务经济、保障民生的理念。报告深刻把握住反腐败斗争的总体形势,站在全局的高度,根据案件的基本情况,找准问题症结,考虑被建议单位的性质、职能等因素,提出易于接受、便于操作的整改措施,取得良好的社会效果,受到最高检的充分肯定。

黄惠玲　全国人大代表、农工党贵州省委专职副主委

　　要挑选懂得未成年人心理、富有爱心、耐心细致、善于做思想工作，具有犯罪学、心理学、教育学、社会学等方面知识的同志从事未成年人刑事检察工作。建议加强未检专业人才建设，提高未成年人刑事检察干部的综合素质，加强业务培训，既要组织未成年人刑事检察干部参加侦查监督、公诉等业务培训，又要学习未成年人刑事检察特有的业务，熟练掌握办理未成年人刑事案件的程序、技能和思想教育的方法。

徐明　全国人大代表、黑龙江省检察院检察长

　　基于司法实践中的大量需求，亟待完善未成年人保护法律体系，将"儿童最大利益原则"确立为儿童保护的首要原则，并以此原则指导儿童保护工作。儿童保护立法应被作为高度优先事项；以"儿童最大利益原则"为指导，修改完善《未成年人保护法》和《预防未成年人犯罪保护法》，将立法重心确定为约束成年人，督促成年人履行儿童保护责任；要制定专门的《儿童福利法》、《儿童食品安全法》等，增强未成年人保护法律规范的效力刚性和可操作性。

李红　全国人大代表、共青团安徽省委书记

　　建议对 1999 年颁布实施的《中华人民共和国预防未成年人犯罪法》在保持现行法律的基本框架基础上，进行修改和完善，着力解决突出问题，增强针对性和可操作性，把成熟的工作实践经验上升为法律规范。修改和完善"预防法"已是推动预防工作的迫切要求和现实需要，建议保持现行法律的基本框架，对部分规定进行修改完善。建议着重考虑对严重不良行为干预与矫治的司法化问题。

王松　全国政协委员、台盟辽宁省委会主委

　　为实现对未成年人的有效保护，未成年人司法的发展必然是朝着刑事、民事、行政"三合一"的方向。司法改革要遵循诉讼规律，考虑少年司法的特殊性，并以此为契机，在检察机关设立刑事、民事、行政"三合一"的少年司法专门机构，一定要保证少年司法的专门力量。进一步完善程序，明确标准和职责，统一司法执法标准，明确各机关的职责分工，实现公、检、法等机关在未成年人司法中责任明晰、配合有力、监督制约到位，实现对未成年人全程有效的司法保护。

未检工作30年 携手未来共同成长

全面护航青少年成长，2016年，站在新起点，检察机关满载全国人民的殷切希望，携手祖国未来，满帆起航

对于未检工作而言，2016年是不平凡的一年。自1986年第一个少年起诉组在上海市长宁区检察院成立以来，未成年人检察工作已经走过了30年的不平凡历程。伴随着我国法治建设的发展进步，未成年人检察工作从无到有、逐步发展，成为检察工作的一大亮点，在保障未成年人健康成长、促进社会和谐稳定等方面发挥了十分重要的作用。全面护航青少年成长，2016年，站在新起点，检察机关满载全国人民的殷切希望，携手祖国未来，满帆起航。

站在新起点，构建新体系

6月2日，全国检察机关未成年人检察工作30年座谈会在上海举行，最高人民检察院党组书记、检察长曹建明要求各级检察机关要从事关国家和民族未来的高度，充分认识未成年人司法保护工作的重大意义，准确把握未成年人司法规律和发展方向，进一步推进未成年人检察工作专业化规范化社会化建设，全面履行检察职能，依法保护未成年人合法权益，为未成年人健康成长营造良好的法治环境。10月17日，中国检察学研究会未成年人检察专业委员会在北京成立。曹建明检察长强调各级检察机关要把未成年人检察工作摆到更加重要的位置，充分发挥检察机关在未成年人司法保护中的职能作用，凝聚社会各方力量，注重加强理论实践研究，努力构建中国特色社会主义未成年人检察制度，推动完善中国特色社会主义未成年人司法制度。

未成年人检察部门由主要办理未成年人犯罪案件，发展到同时办理侵害未成年人犯罪案件，在此基础上又探索开展涉及未成年人的刑罚执行检察、民事行政检察业务，工作内容日趋丰富多元。实践中，检察机关不断整合、深化未成年人保护职能，逐步形成了"捕、诉、监、防"一体化工作模式，力求对未成年人进行全程、系统的保护。截至2016年3月，全国共设立有编制的未成年人检察专门机构1027个，在公诉部门下设未成年人检察工作

浙江农林大学的学生在进行转轮趣味游戏法制竞答活动。

办公室、专业办案组 1400 多个，全国现有 7000 余名检察人员奋斗在未检工作一线。

在最高检未成年人检察工作办公室下发的《关于加强未成年人检察工作专业化建设的意见》中，对未检专业化和专门机构建设提出明确要求，推动各地加快未检专门机构建设。在最高检的不断推动下，全国未检专门机构和专业化建设都取得了长足进步。截至 2016 年 12 月，全国共有 21 个省级院设立了独立机构或者已获独立编制。上海、北京、湖北、贵州等省级院也研究部署在司法改革中加强未成年人检察工作的具体举措，有力推动了专业化建设。

为了更好地通过建立科学的工作评价体系，合理确定未检专门机构人员数量、员额配置，用政策和机制留住人才、稳定队伍，未成年人检察工作办公室研究起草《关于未成年人检察工作评价指导意见》，开展分级、分类业务培训，丰富未检人员的专业素养和知识储备，不断提升未检队伍办案能力和业务水平。2016 年 8 月，举办全国检察机关未成年人检察业务西部培训班，各省、自治区、直辖市和新疆生产建设兵团的未检部门负责人和业务骨干参加培训。各地未检部门也分别举办形式多样的业务培训、岗位练兵，进一步提高未检干警办案能力和工作水平。北京、河北共享培训资源，联合举办 2016 年京冀两地未

山东省潍坊市奎文区检察院开展普法进校园活动。

成年人检察业务培训班。浙江全力推进全省检察机关未检业务能力建设，打造了《未成年人刑事案件公诉审查报告制作》、《未成年人讯问与沟通技巧》等 8 节未成年人业务精品课程，未检队伍建设得到了进一步加强。

"法治巡讲"进校园

2016 年 5 月 16 日，一段山东校园暴力视频在网上疯传。这段时长 1 分 33 秒的视频显示拍摄于男生厕所。一名男生被一名身体强壮的同学殴打，先是边拉上衣边踹，踹倒在地后继续踹胸部。现场有数十名学生围观，有的学生甚至嬉笑着说"别打他腮""再来一遍"等。随后，这个身体强壮的同学对另一个瘦小的男生进行了拉扯和掌掴。视频中，涉事男生均使用山东方言说话，还不时夹杂着脏话。通过对话可得知，打人者质疑被打者曾经向老师"告他的黑状"。经过五莲县公安部门和教育局调查组对 15 名教师和学生进行的详细询问得知，事情发生在 5 月 6 日早饭后，当事学生因被同学起外号、怀疑同学向老师打小报告等产生不满，遂发生打骂现象。

随着近年来涉及未成年人犯罪发生的新变化，未检工作也面临新的挑战和要求。为积极应对校园暴力欺凌频发问题，最高检未成年人检察工作办公室会同教育部、中央综治办等9个单位下发《关于防治中小学欺凌和暴力的指导意见》，从依法依规处置学生欺凌和暴力事件、形成工作合力等方面提出意见，切实防治学生欺凌和校园暴力事件。同时，会同教育部开展为期三年的"法治进校园"全国巡讲活动。在组织各地检察机关开展巡讲活动的同时，最高检从全国抽调24名优秀未检检察官组成全国巡讲团，精心研发了一批法治课程，陆续赴全国进行巡讲。据统计，2016年，全国巡讲团已在北京、西藏、新疆等7个省、自治区、直辖市向35所学校的1.8万余名师生进行了宣讲，巡讲活动受到了广大师生、家长和有关部门的普遍欢迎，在社会上引起极大反响。各地学生普遍反映，检察官能用喜闻乐见的方式讲授法律知识、传播法治意识，内容引人入胜，让大家学习了不少法律知识，进一步增强了自觉守法的意识；一些同学甚至表示通过这次巡讲对法律产生了浓厚的兴趣，决心今后要从事法律研究和法律工作；不少学校的领导主动要求去自己的学校巡讲。有中央媒体报道称"同学们在欢声笑语中学到了法律知识，树立了法治意识"。

严惩侵害未成年人犯罪

2016年1至10月全国检察机关严厉打击猥亵儿童、拐卖儿童、收买被拐卖的儿童、聚众阻碍解救被收买的儿童、拐骗儿童、组织儿童乞讨、引诱幼女卖淫等侵害未成年人人身权利犯罪。

2016年4月，浙江省温州市检察院以涉嫌拐卖儿童罪对浙江温州特大拐卖儿童案的26名被告人提起公诉。近年来，侵害未成年人犯罪的重大敏感案件引发社会关注。

针对性侵、拐卖、虐待未成年人的犯罪，未检办加强了对办理此类案件的指导力度，探索建立重大敏感案件快速反应机制，及时发现并加强监督，适时介入侦查，引导取证，确保依法妥善处理并加强了舆论引导，健全未成年被害人关爱救助机制，注重保护其各项诉讼权利和隐私权、名誉权等合法权益；推动探索适合未成年被害人身心特点的办案方式方法，避免因司法办案尤其是反复询问造成二次伤害。

山东省检察机关开展打击性侵害未成年人刑事案件专项监督活动，依法严厉打击此类犯罪的同时，重点监督有案不立、有罪不究、漏罪漏犯、重罪轻判等问题。贵州省安顺市检察院开展性侵害未成年人案件专项审判监督，全市检察机关共抗诉性侵未成年人犯罪13件16人，已改判11件14人，取得良好的社会效果和法律效果。

检察机关坚持依法对涉罪未成年人"少捕、慎诉、少监禁"原则，最大限度教育感化挽救涉罪未成年人，为他们回归社会预留通道。据统计，2016年1至10月，全国未成年犯罪嫌疑人的不捕率、不起诉率，分别高于整体刑事案件同期的不捕率和不起诉率。同时，严格落实特别程序和特殊制度，提高帮教感化效果。2016年1至10月全国检察机关开展社会调查、决定附条件不起诉、进行犯罪记录封存、法律援助等工作切实保证未成年人刑事案件办理质量以及帮教挽救涉罪未成年人的工作成效。四川、上海等地检察机关签订异地协助机制，促进流动未成年人的帮教考察，实现平等保护。

代表意见推动未检工作发展

如何发挥检察职能，保护未成年人合法权益，全国人大代表给予高度关注。2016 年两会期间，郑雪君代表提出关于实施合适成年人派遣工作的建议，李朝鲜等 5 名代表提出关于政府购买司法社工服务的建议。11 月，未检办对代表意见建议进行了认真回复。

未检办在给郑雪君代表的回复中写到：一些地方检察院推动建立了专门的合适成年人队伍，对合适成年人进行必要的培训，探索合适成年人值班制度和社工担任合适成年人机制，提高合适成年人到场制度的实效性。充分发挥未检"捕诉监防"一体化工作模式的优势，强化法律监督职能，全面维护未成年人合法权益。针对公安机关未依法通知法定代理人到场，未有效落实合适成年人参与诉讼，询问女性未成年人被害人、证人没有女性工作人员在场以及法定代理人、合适成年人事后在笔录上补签名等侵害未成年人诉讼权利的行为依法监督纠正，收到了良好的法律效果。

在给李朝鲜等代表的回复中，主要介绍了检察机关的主要做法：一是一些地方检察院在社会调查、担任合适成年人、附条件不起诉的考察帮教等方面与未成年人社会服务组织积极开展合作；二是积极参与中央政法委于 2015 年 11 月开展的"在国家治理和司法改革中关注未成年人保护与犯罪预防问题"的研究。该项研究中一项重要议题就是"加强与未成年人社会服务组织的合作"，为做好课题的相关工作，最高检专门下发通知，要求各地检察机关结合本地工作实际，开展主题调研，收集重点问题；三是最高检在编写的《未成年人检察工作指引》中明确，人民检察院可以通过政府购买服务、聘请相关专业人士等方式，将社会调查、合适成年人到场、心理疏导、心理测评、观护帮教、附条件不起诉、监督考察等工作，交由社工、心理专家等专业社会力量承担或者协助进行，以提高未成年人权益保护和犯罪预防的专业水平，并推动建立司法借助社会专业力量的长效机制。

白金明
全国人大代表、
安徽省委组织
部副部长、人
社厅党组书记、
厅长

　　建议最高检进一步加大检务公开的力度，把深化检务公开作为执法透明度和公信力的有力抓手，不断丰富检务公开的形式，拓宽检务公开的范围。

卢国祥
全国人大代表、
湖北省武汉市
人大常委会原
副主任

　　建议进一步完善、规范信息公开机制。重点加大案件的判决理由的公开力度，回应百姓关切。完善司法机关主体责任追究机制。应对干预案件复杂化的新形势，确保独立办案。完善司法、社会、媒体监督机制。

尹正民
全国人大代表、
湖北省电力公
司总经理

　　建议两院工作要更贴近老百姓，公开案件审理的过程，让司法在阳光下运行，促进司法的公开、公平和公正。

于革胜
全国人大财经委
员会委员、全国
社会保障基金理
事会副理事长

　　建议注意从纠正冤假错案中总结吸取教训，完善制度和机制，堵住漏洞。进一步加大规范对案件的信息公开力度，努力让人民群众获得满意感。

李大进
全国人大代表、
北京市天达共和
律师事务所主任

　　在司法公开的过程中，要注意把握司法公开的尺度，建议在全国司法系统中开展一些培训，提升这方面的能力，更好地通过司法公开来回应社会关切，最终达到彰显司法公正的目的。

新故相推 不断深化检务公开

全国检察机关深入开展检察开放日活动，不断加强制度建设，遵循"公开是常态，不公开是例外"的原则，在检务公开过程中，新媒体表现得极为活跃

　　"以前真没觉得科技与检察有什么关联，第一次走进检察机关，希望通过检察开放日活动可以更多地了解检察工作，在知识产权保护方面也有一些问题需要沟通和探讨。"全国政协委员、中国科学院微电子研究所副所长周玉梅说。

　　近年来，越来越多的人通过"检察开放日"活动走进检察机关，了解检察工作。"检察开放日"是检察机关强化自身监督、深化检务公开、推进"阳光检务"的具体举措，对人民群众走进人民检察院，进一步增强检察工作透明度，零距离接受监督，对增强人民群众对中国特色社会主义检察制度的认识，推动检察工作科学发展具有重要意义。2016年，全国检察机关深入开展检察开放日活动，不断加强制度建设，遵循"公开是常态，不公开是例外"的原则，在检务公开过程中，开放日更具有特色，随着制度的不断创新，公开内容更加具体，新媒体也表现得极为活跃。

"检察开放日"更具特色

　　在2016年检察开放日活动中，最高检分行业邀请代表委员走进最高检机关参加主题开放日活动，集中听取代表委员的意见建议。

　　7月29日，在建军节来临之际，最高检举行以"加强军地协作，维护军人权益"为主题的检察开放日活动；9月23日，邀请河南团10位在京全国人大代表来到最高检东区参观座谈；9月27日，最高检邀请14名来自医药卫生界的全国人大代表、政协委员参加以"维护医务人员权益，服务健康中国建设"为主题的检察开放日活动，这也是最高检首次专门邀请医药卫生界代表委员参加开放日活动；10月20日，最高检举行以"强化法律监督职能，服务保障科技创新"为主题的检察开放日活动，邀请部分科技界全国人大代表、全国政协委员到最高检机关参观座谈；11月18日，举行以"推进以审判为中心的诉讼制度改革"为主题的检察开放日活动，邀请11名法律界全国人大代表、全国政协委员到最高检参观座谈。

2016 年 12 月 15 日,河南省三级检察机关同步举行主题为"服务大局、保障民生"的"检察开放日"活动,4000 多名社会各界代表走进河南省 187 个检察院,零距离接触检察工作,为检察工作建言献策。

2016 年 12 月 24 日,天津市河北区检察院举办"小记者,看检察"法律体验活动。

为提升检察开放日活动的效果和影响力，多地检察机关三级检察院同步开展检察开放日活动。

11月29日，内蒙古自治区三级检察院同步开展了以"加强侦查监督，维护司法公正"为主题的检察开放日活动。自治区检察院邀请18名全国、自治区人大代表、政协委员、人民监督员等参加座谈。会议结束后，与会代表到自治区检察院控申服务大厅和案管服务大厅等场所进行观摩指导。

12月2日，江西省三级检察院同步开展以"加强侦查监督，维护司法公正"为主题的检察开放日活动。江西省检察院邀请12位全国和省人大代表、政协委员，省检察院人民监督员、特约检察员参加活动。

12月1日，在山东省检察院举办的"检察开放日"活动中，27名社会各界代表走进山东省检察院机关参观并听取工作情况汇报。当日，全省三级检察机关175个检察院同步开展活动，共4200名社会各界代表应邀参加。

12月15日，河南省三级检察机关同步举行主题为"服务大局、保障民生"的检察开放日活动，4000多名社会各界代表走进河南省187个检察院，零距离接触检察工作，为检察工作建言献策。河南省检察院官微"河南检察"联合多家网络媒体进行了全程直播，当天阅读量突破400万人次。

制度创新　公开内容更具体

在全国检察机关侦查和预防职务犯罪工作座谈会上，最高检副检察长邱学强首次提出职务犯罪侦查"八个公开"的要求，对于进一步增强职务犯罪侦防工作的透明度和提升司法公信力提出了新的要求。7月，反贪污贿赂总局制定下发《最高人民检察院关于实行职务犯罪侦查工作八项公开的规定》（下称《规定》），明确各级检察机关职务犯罪侦查工作依法公开立案侦查、逮捕、侦查终结、移送审查起诉、律师会见情况、涉案财物处理结果、办案人员违法违纪处理、办案时限八类信息，进一步增强职务犯罪侦查工作的透明度，规范司法行为。《规定》要求对已经立案的职务犯罪案件，一律公开犯罪嫌疑人身份、立案时间、涉嫌罪名和办案单位；对已经逮捕的职务犯罪案件，一律公开报请逮捕日期、决定机关、决定逮捕日期、执行逮捕日期、涉嫌罪名、羁押场所和办案单位；对已经侦查终结的职务犯罪案件，一律公开侦查终结时间、涉嫌罪名、处理意见和办案单位；对已经移送审查起诉的职务犯罪案件，一律公开移送审查起诉时间、退回补充侦查时间、重新移送审查起诉时间、涉嫌罪名和办案单位；对于法律规定无需会见许可的职务犯罪案件，一律向犯罪嫌疑人和辩护律师公开说明。对于特别重大的贿赂犯罪案件，在侦查期间辩护律师提出会见的，一律公开申请许可的受理、办理情况；对已经查封、扣押、冻结涉案财物的

湖北省检察院举行"检察开放日"活动，各界代表观看运用"鄂检网阵"做好"指尖上的群众工作"的现场演示。

职务犯罪案件，一律公开查封、扣押、冻结涉案财物的时间、处理结果以及解除查封、扣押、冻结涉案财物的时间和办案单位；对职务犯罪案件办理中发生的违法违纪行为，一律依法依纪严肃查处，查实后适时公开办案人员违法违纪受理、审查情况和处理结果；对已经采取强制措施的职务犯罪案件，一律公开决定和执行强制措施的种类、日期和期限。

全国各级检察机关积极落实最高检要求。12 月 22 日，广东省检察院举行发布会，通报职务犯罪侦查工作的八项公开制度并通报了 2016 年以来查办的案件情况。2016 年 1 至 11 月，广东省检察机关职务犯罪侦查部门共受理职务犯罪案件线索 3843 件 4869 人，立案侦查 2140 件 2692 人，其中立案侦查贪污贿赂犯罪案件 1697 件 2145 人，立案侦查渎职侵权犯罪案件 443 件 547 人。

实时在线　新媒体更给力

最近两年来，最高检相继入驻微博、微信、新闻客户端等主流新媒体平台 12 个，运用微发布、微直播、微动漫等形式，开启新媒体时代检务公开新模式，不断拓宽检务公开的广度和深度。现在，只需动动手指，网友便可随时随地接收最高检"线上"发布的各类检察信息。

最高检新媒体不仅是信息传播平台，也是检察机关提供民生服务的载体，是检察机关在"线上"的延伸。最高检微信公众号下设服务菜单，链接最高检官网的法律法规数据库、行贿犯罪档案查询、法律援助和举报中心，为网友提供立体便捷的服务平台。

检察日报社是检察工作信息传播的核心机构，承担着最高检新媒体建设运营工作。2016年以来，检察日报社深度挖掘新媒体发展潜力，全力打造媒体融合平台。1月28日，最高检官方微博启动"走近一线检察官"微直播活动，带领省、市、县三级检察官微联动直播，图文并茂为网友呈现检察官真实的工作和生活状态。检察工作专业难懂怎么办？为了让"高冷"的检察工作在网络传播中"接地气"，最高检新媒体大力加强原创策划，不断创新作品表现形式，运用图解、漫画、视频、H5等多种形式，打造检务公开新"舞台"。动漫《检察君带你走进人民检察》曾刷爆朋友圈，2016年两会期间，动漫《2016年最高检工作报告大猜想》引爆网络，发布5天内阅读量便达200余万次。最高检新媒体先后制作发布了19条原创视频、图解和H5策划，《跟随首席大检察官的脚步见证检察2015》《最高检@你，"打虎拍蝇"成绩单请你查收》等，在朋友圈被"刷屏"式转发，总阅读量达700余万次。7月12日，检察日报新闻客户端（APP）2.0版正式发布，曹建明检察长亲自点击开通，全国四级检察机关的新媒体矩阵更加紧密、高效运转，也必将推动检务公开、检察新闻宣传工作迈上新台阶。8月，检察日报社启动"第二届检察新媒体创意大赛"，截至10月31日征集作品结束，共收到合格作品1049件，参赛单位覆盖全国29个省、自治区、直辖市检察机关，91件新媒体作品分别摘取图文类、H5类、音视频类金奖、银奖和铜奖，16个单位获得组织奖。在中国报业协会发布的"中国报业新媒体影响力排行榜"中，检察日报新媒体跻身"行业报五十强"前十。

通过新媒体了解检察工作，已经成为众多网友的首选渠道。检务公开一直在路上，最高检"新媒体之旅"带给网友的惊喜仍在继续。

- 倾听声音 更好地为非公经济发展服务
  时间：1 月 5 日
  地点：全国工商联机关

- 携手前行 共同推进全面依法治国
  时间：1 月 8 日
  地点：最高检机关

- 加强军地协作 维护军人军属权益
  时间：7 月 29 日
  地点：最高检机关

- 用文化的力量推动全社会尊法学法守法用法
  时间：8 月 18 日
  地点：最高检机关

- 把检察队伍素质能力建设作为重要任务
  时间：9 月 9 日
  地点：最高检机关

- 让人民检察官走进人民心中
  时间：9 月 23 日
  地点：最高检机关

- 保障人民健康是检察机关的重要使命
  时间：9 月 27 日
  地点：最高检机关

- 强化法律监督职能 服务保障科技创新
  时间：10 月 20 日
  地点：最高检机关

- 构建新型检警检法检律关系 共同维护司法公正
  时间：11 月 18 日
  地点：最高检机关

- 中国特色社会主义检察事业是人民的事业
  时间：7 月 20 日
  地点：吉林省长春市

履行查办和预防职务犯罪职责
4 月 14 日
北京市

艺创作必须扎根人民
9 月 10 日
北京市

制改革首先从人民群众最期盼的领域改起
6 月 7 日
江苏省南通市

群众和广大检察人员都有实实在在的获得感
6 月 1 日
上海市

建"亲""清"政商检商关系
5 月 4 日
浙江省杭州市

民检察为人民 不断增强人民
全感和获得感
10 月 12 日
江西省

首席大检察官足迹

积极回应各族人民关切 深入扎实做好对口援疆工作
时间：9月5日
地点：新疆维吾尔自治区乌鲁木齐市

人大代

检察机关

新疆

全面贯彻落实党中央各项决策部署
时间：12月22日
地点：重庆市

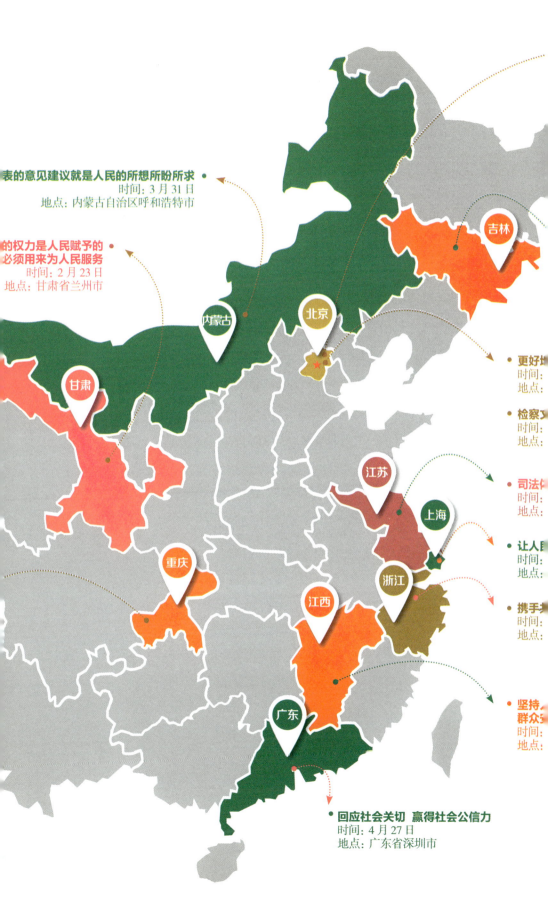

表的意见建议就是人民的所想所盼所求 •
　　　　时间：3 月 31 日
　　地点：内蒙古自治区呼和浩特市

的权力是人民赋予的 •
必须用来为人民服务
　　时间：2 月 23 日
　地点：甘肃省兰州市

内蒙古

北京

甘肃

吉林

江苏

上海

重庆

江西

浙江

广东

• 更好
　时间：
　地点：

• 检察
　时间：
　地点：

• 司法
　时间：
　地点：

• 让人
　时间：
　地点：

• 携手
　时间：
　地点：

• 坚持
　群众
　时间：
　地点：

• 回应社会关切　赢得社会公信力
　　　时间：4 月 27 日
　　地点：广东省深圳市

首席大检察官足迹

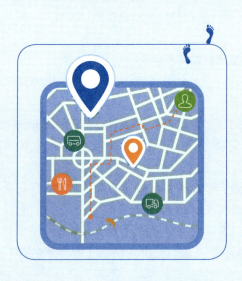

人民是无所不在的监督力量

2016 年曹建明检察长征求全国人大代表、全国政协委员意见建议纪实

2016 年，首席大检察官、最高人民检察院党组书记、检察长曹建明利用走访调研、检察开放日、主题座谈会等一切可能的机会主动与各地全国人大代表、政协委员联络，认真听取他们对检察工作的意见建议，坦诚接受监督。

据不完全统计，一年来，曹建明检察长的调研足迹遍布甘肃、内蒙古、浙江、江苏、上海、北京、新疆、江西、广东、吉林、海南、重庆、广西等 13 个省、自治区、直辖市，与 186 名全国人大代表、28 名全国政协委员面对面座谈交流，共计 21 次，最短间隔仅 3 天。

一年来，每个月、每次调研、每逢检察开放日、每临传统佳节和纪念日，曹建明检察长与全国人大代表、政协委员座谈交流次数频繁、间隔短暂、主题鲜明、饱含真挚……这所有的一切，只为收集人民群众的心声，自觉接受监督改进检察工作，为检察事业的发展广纳良言。这背后不仅体现了最高检党组和曹建明检察长对检察机关接受人大法律监督、政协民主监督的高度重视，也体现了首席大检察官谦虚务实的工作作风。

13 次走访调研　主动联系所在地代表委员

"人民是无所不在的监督力量。人大代表和人民群众的意见批评建议，是我们做好检察工作的有力保障和强大动力。"

2016 年，曹建明检察长马不停蹄奔赴全国各地检察机关走访调研共计 13 次。每一次调研中，他必定主动联系当地部分全国人大代表、政协委员，面对面与代表委员们座谈交流，充分听取意见建议。

2 月 23 日，2016 年春节刚过，曹建明亲自带队深入陇原大地，征求 15 位在甘肃的全国人大代表对最高人民检察院工作报告和检察工作的意见和建议。他表示，各级检察机关要进一步增强主动公开、主动接受监督的意识，不断完善机制、创新方式、畅通渠道，进一步深化检务公开，探索运用"两微一端"等现代科技手段，积极拓宽联系群众的新渠道，

10月20日，最高人民检察院举行以"强化法律监督职能，服务保障科技创新"为主题的检察开放日活动，邀请科技界部分全国人大代表、全国政协委员到最高检机关参观座谈。

更好地接受外部监督特别是人大监督，真正让人民监督权力，让权力在阳光下运行。

2016年3月31日，全国两会闭幕不久，曹建明在内蒙古自治区呼和浩特市主持召开部分在内蒙古的全国人大代表座谈会，征求他们对检察机关贯彻落实全国两会精神、进一步加强和改进检察工作的意见建议。

"大家在今年全国两会期间对检察工作提出的意见建议我都有，再往前两年的我这里也有。代表们在任何场合对检察工作提出的意见建议，我们都详细记录、认真研究和落实。"

"希望大家今天继续给我们提意见、建议，肯定的话少说，请多批评。"

正如在内蒙古自治区座谈会这样，曹建明每次与全国人代表、政协委员座谈时，都会如数家珍地逐一列举近年来与会代表委员对检察机关所提的意见建议，并详细介绍最高检逐条落实的具体举措。同时，诚恳地希望与会代表委员建言献策。

4月27日，曹建明就如何全面加强和改进侦查监督工作、更好维护司法公正在广东省检察机关调研期间，与在粤部分全国人大代表座谈，面对面听取他们对检察工作的意见建议。

5月4日，刚刚参加完在浙江杭州召开的全国模范检察官王盛表彰会，曹建明就马不停蹄地主持召开在浙部分全国人大代表、政协委员座谈会。

在会上，曹建明表示，检察工作的健康发展离不开代表委员的监督支持，检察机关将认真听取代表委员的意见建议，在司法办案中密切关注经济领域新情况新问题，运用法治思维和法治方式为企业排忧解难，依法平等维护各类市场主体合法权益，积极营造法治化营商环境，携手共建"亲""清"政商、检商关系。

2016 年是全面推进司法体制改革和检察改革的关键之年。曹建明的 3 次调研都围绕司法改革和检察改革这一主题广纳良言，为改革寻求策略与支持。

6 月 1 日，曹建明在上海市检察机关调研期间，与在沪部分全国人大代表、政协委员座谈，听取他们对进一步加强和改进检察工作、深入推进司法改革和检察改革的意见建议。6 月 7 日，曹建明就司法改革和检察改革推进情况到江苏省检察机关调研，邀请在苏部分全国人大代表、政协委员座谈，听取他们对检察工作和司法体制改革的意见建议。12 月 21 日，曹建明就检察机关深入学习贯彻党的十八届六中全会、中央经济工作会议精神，全面贯彻落实党中央决策部署，深入推进司法体制改革，在重庆市检察机关调研期间与在渝部分全国人大代表、政协委员面对面征求对检察工作和司法改革工作的意见建议。

"人民代表的意见集中了民智、反映了民意，人民群众的关注点，就是检察工作的着力点。"

在北京、江西的座谈调研中，多位代表委员围绕 2016 年发生的恶性电信诈骗案件向检察机关表达了加大惩治力度的强烈愿望，曹建明认真倾听、主动回应、态度鲜明，表达了检察机关打击电信诈骗的坚定决心。

9 月 2 日，在北京市检察院召开的部分在京全国人大代表座谈会上，曹建明在与北京团部分全国人大代表深入交流畅谈中说："最高检已将电信网络诈骗犯罪案件作为重大案件，要求各级检察机关加强与公安机关的衔接配合，确定专人办理，及时介入案件侦查，依法快捕快诉。"10 月 12 日，曹建明与部分在江西的全国人大代表、政协委员座谈时再次表示，坚决遏制电信网络诈骗犯罪蔓延势头，是检察机关义不容辞的责任。各级检察机关一定要进一步认清当前电信网络诈骗犯罪的严峻形势，把思想和行动统一到习近平总书记等中央领导同志和中央政法委的各项要求上来，切实把严厉打击电信网络诈骗犯罪作为当前重点工作抓实抓好。

维护新疆社会稳定和长治久安，是检察机关义不容辞的政治责任。

9 月 5 日，在传统的古尔邦节和中秋佳节来临之际，曹建明就如何深入贯彻中央决策部署，进一步发挥检察职能，服务保障新疆社会稳定和长治久安，在新疆维吾尔自治区深入调研期间，与在疆全国人大代表、政协委员结下了深厚友谊。

曹建明亲切地与大家一一握手攀谈，并向他们赠送了一份特殊的礼物——央视一套正在热播的电视剧《人民检察官》光盘，这令代表委员们十分欣喜、感动。曹建明在仔细倾听、认真记录代表委员的意见建议后表示，做好对口援疆工作，是检察机关必须长期履行的政治任务，检察机关将坚决贯彻中央决策部署，积极回应各族人民关切，充分发挥检察职能，深入扎实做好对口援疆工作，推动新疆检察工作实现新的跨越发展。

5 次检察开放日　面对面与受邀代表委员座谈

举办检察开放日活动，是检察机关深化检务公开、自觉接受社会监督的一项重要举措。

2016 年，最高检机关举办了 5 次检察开放日活动。每次活动中，曹建明检察长都会与应邀参观最高检机关的全国人大代表、政协委员们面对面座谈交流，听取他们对检察工作的意见建议。

不同的活动主题，变换的受邀群体，不变的是最高检真心实意接受监督的满满诚意。

加强与解放军代表联络工作是检察机关接受人民监督、加强和改进检察工作的重要途径。7 月 29 日，在中国人民解放军建军 89 周年暨红军长征胜利 80 周年即将到来之际，最高检举行以"加强军地协作，维护军人权益"为主题的第十六次检察开放日活动，邀请解放军团的 14 位全国人大代表到最高检参观、座谈。曹建明在座谈中表示，检察机关将尽最大努力为各位代表了解、监督检察工作提供服务，尽最大努力把各位代表的希望、要求贯彻落实到检察工作中去，推动人民检察事业不断进步，推动国防和军队改革深入发展。

9 月 23 日，最高检机关举行第十七次检察开放日活动，邀请河南团部分在京全国人大代表参观座谈。曹建明与代表们亲切交谈，认真倾听、仔细记录，对代表们的关切一一作出回应。他说，检察机关要坚持一切为了人民，积极顺应人民群众对平安稳定、加快发展和幸福生活的期盼，努力解决人民群众关心关注的问题，实现好、维护好、发展好最广大人民群众的根本利益。要坚持一切依靠人民，尊重人民主体地位，拓宽人民群众有序参与检察工作的渠道，从人民群众意见建议中汲取推动检察工作创新发展的智慧和力量，按照人民群众期待和要求加强和改进检察工作。要坚持一切权力属于人民，完善代表联络机制，拓宽联络渠道，创新联络方式，更好倾听人民群众声音，接受人民群众监督，赢得人民群众对检察工作更多的支持。

医药卫生界的代表委员是检察机关与医药卫生界的桥梁纽带。9 月 27 日，最高检举行以"维护医务人员权益，服务健康中国建设"为主题的第十八次检察开放日活动，邀请医药卫生界部分全国人大代表、政协委员到最高检机关参观座谈。曹建明主持召开座谈会，听取代表委员对如何进一步加强和改进检察工作，如何全面履行检察职能为推进健康中国建设提供有力司法保障的意见建议。

他边听边记，不时与大家交流互动。他表示，检察机关将加强与医药卫生界代表委员联络，在创新联络方式、完善联络机制上下功夫，更加注重与大家的互动交流，尽最大努力为大家了解、监督检察工作提供服务，尽最大努力把大家的期望、要求落实到检察工作中去，依靠大家的监督和支持，提高服务保障健康中国建设的水平。

10月20日，最高检举行以"强化法律监督职能，服务保障科技创新"为主题的第十九次检察开放日活动，邀请科技界部分全国人大代表、政协委员到最高检机关参观座谈。在座谈时，曹建明强调，要创新联络方式，完善联络机制，加强与科技界代表委员的联络，增进人民群众特别是科技工作者对检察工作新成效，对检察机关保障科技创新举措的认知度和满意度。

11月18日，最高检举行以"推进以审判为中心的刑事诉讼制度改革"为主题的第二十次检察开放日活动。曹建明认真听取受邀的法律界部分全国人大代表、政协委员对检察机关如何贯彻落实以审判为中心的刑事诉讼制度改革要求，以及如何做好检察工作的意见建议。

曹建明表示，推进以审判为中心的刑事诉讼制度改革，是一项系统工程，面临许多重大理论和实践问题，需要法学理论界和实务界携手，加强研究，着力破解。检察机关愿与法律界同行一道，尤其是紧紧依靠法律界代表委员的专业优势和智力支持，共同加强研究，推动这项改革落到实处、取得实效，为改革营造良好环境。

研究部署各项检察工作　广泛倾听代表委员心声

"中国特色社会主义检察事业是人民的事业，必须坚持一切依靠人民，一切为了人民。"

2016年，在研究和部署各项检察工作中，曹建明十分重视倾听全国人大代表、政协委员的声音，赢得人民群众对检察机关的关注和支持。

1月8日，最高检召开当年首次全国人大代表、政协委员座谈会，专门邀请来自公安机关、人民法院、律师界、法学院所的法律界全国人大代表、政协委员。曹建明面对面听取他们对检察工作和检察改革的意见建议后表示，检察机关愿与广大法律界人士一起，从法治建设的全局出发，从协调推进"四个全面"战略全局出发，凝心聚力，增强职业认同感、信任感，携手前行，共同推进全面依法治国。

检察队伍建设是全部检察工作的根本和保证。在5月16日至17日召开的全国检察机关队伍建设工作会议暨第六届全国先进基层检察院表彰大会期间，曹建明专门邀请10名全国人大代表就检察工作发展特别是检察队伍建设进行座谈交流。

而在总结阶段性工作，部署下阶段检察工作中，最高检党组和曹建明检察长也十分重视听取代表、委员的意见建议。

7月20日，在第十四次全国检察工作会议召开期间，曹建明在长春主持召开座谈会，听取部分全国人大代表、政协委员对"十三五"时期检察工作的意见建议时表示，检察机关要自觉接受人民监督，经常性征求和落实代表委员的意见建议，不断完善检察监督体系，着力提高法律监督能力，更好地维护社会公平正义和司法公正。

繁荣发展检察文艺，必须以人民为中心的创作导向也是检察机关始终秉持的精神。2016 年 9 月至 10 月，电视剧《人民检察官》在央视一套黄金时间热播。9 月 10 日，中国检察官文联、中国电视艺术家协会在京共同举办了《人民检察官》座谈会，会上，曹建明与应邀座谈的文艺界全国人大代表、政协委员、专家学者一道，共同总结该剧的创作经验和艺术特色，探讨法治题材影视作品创作规律，共商社会主义法治文艺繁荣发展。他讲话强调，检察文艺创作必须扎根人民，把满足人民精神文化需求作为出发点和落脚点，把人民作为检察文艺表现的主体，把人民作为检察文艺审美的鉴赏家和评判者。

检察事业的发展不仅依靠人大的监督和支持，同样也离不开民主力量的监督、支持和推动。

"各民主党派、工商联和无党派人士不仅精英荟萃、智力密集，而且与人民群众和社会各界联系密切，提出的意见建议代表和反映了人民群众对检察工作的要求和期待。"2 月 16 日，最高检召开各民主党派中央、全国工商联负责人和无党派人士代表座谈会，征求对最高检工作报告和检察工作的意见建议。曹建明表示，今后，检察机关将以更加坚定和积极的态度推进协商民主、民主监督制度向纵深化发展，构建与各民主党派、工商联、无党派人士的常态化交流机制，尤其是建立健全知情明政、考察调研、工作联系、落实反馈等机制，努力保障协商成果落地，真正把大家的监督意见落到实处。

倾听声音 更好地为非公经济发展服务

时间：2016年1月5日
地点：全国工商联机关

1月5日，最高人民检察院、全国工商联共同在全国工商联机关召开座谈会，就检察机关如何依法保障和促进非公有制经济健康发展听取非公经济界人士的意见建议。最高人民检察院党组书记、检察长曹建明，全国政协副主席、全国工商联主席王钦敏出席会议并讲话。

1月5日，最高人民检察院、全国工商联共同在全国工商联机关召开座谈会，就检察机关如何依法保障和促进非公有制经济健康发展听取非公经济界人士的意见建议。最高人民检察院党组书记、检察长曹建明，全国政协副主席、全国工商联主席王钦敏出席会议并讲话。

　　曹建明指出，非公有制经济是我国经济的重要组成部分。党和政府始终高度重视非公有制经济发展。特别是党的十八大以来，党中央反复强调对非公有制经济的平等保护，从多个层面提出激发非公有制经济活力和创造力的重大部署要求。检察机关作为国家的法律监督机关和司法机关，依法保护非公有制企业产权和合法权益是义不容辞的责任。要从坚持和完善公有制为主体、多种所有制经济共同发展的基本经济制度出发，认真领会和落实"两个毫不动摇"的战略部署，真正把平等保护各种所有制经济作为检察工作服务改革发展稳定大局的重要着力点，主动适应非公经济发展的法律需求，找准检察工作的切入点和结合点，不断探索经济发展新常态下服务和保障非公经济发展的路径和方式，促进非公有制经济健康发展和非公有制经济人士健康成长。

　　曹建明指出，要主动加强与工商联的沟通协调，健全联席会议、定期通报情况、共同开展调研等常态化机制，全面把握非公企业的司法需求，共同研究保障和服务非公经济的新思路、新举措，形成整体合力。要注重从非公经济界人士中选聘特约检察员、人民监督员，更好地倾听非公经济界的声音，更好地为非公经济发展服务。

　　座谈会上，中国民间商会副会长、泰豪集团有限公司董事长黄代放，浙江省工商联主席、正泰集团股份有限公司董事长兼总裁南存辉，广东省工商联主席、广东恒兴集团董事长陈丹，全国工商联副主席、百步亭集团有限公司董事局主席茅永红，中国光彩事业促进会副会长、上海均瑶（集团）有限公司董事长王均金，三全集团董事长陈泽民，中国光彩事业促进会副会长、研祥高科技控股集团有限公司董事局主席陈志列，科瑞集团有限公司董事局主席郑跃文，安徽省工商联副主席、安徽科大讯飞信息科技股份有限公司董事长刘庆峰等9位非公经济界人士先后发言。他们充分肯定了近年来检察机关立足检察职能，服务经济持续健康发展特别是依法保障民营企业合法权益方面的措施和成效。同时，围绕检察机关加强对非公企业司法平等保护，畅通非公企业的司法救济渠道，准确把握法律政策界限，重视与工商联沟通协调，营造法治化营商环境等提出了许多有针对性的意见建议。

携手前行 共同推进全面依法治国

时间：2016年1月8日
地点：最高检机关

1月8日，最高人民检察院召开座谈会，听取法律界全国人大代表、全国政协委员对检察工作和检察改革的意见建议。

1月8日，最高人民检察院召开座谈会，听取法律界全国人大代表、全国政协委员对检察工作和检察改革的意见建议。

　　座谈会上，来自公安机关、人民法院、律师界、法学院所的全国人大代表**李大进**、**李泽林**、**李亚兰**、**孙宪忠**、**刘玲**、**杨梧**、**周俊军**、**秦希燕**、**吴青**、**陈舒**、**郑尚伦**、**周光权**、**王明雯**，全国政协委员**王俊峰**、**邸瑛琪**纷纷发言。在充分肯定2015年检察工作和检察改革成绩的基础上，围绕如何以新的司法理念引领检察工作；如何树立总体国家安全观，充分发挥职能作用，维护国家、社会和公共安全；如何适应经济发展新常态，找准服务和保障着力点；如何保持高压态势，加大职务犯罪惩治和预防力度；如何积极稳妥推进司法体制改革，确保改革任务落地生根；如何创新方式方法，提升检察队伍专业化职业化水平；如何推进规范司法行为常态化建设等问题提出了许多意见建议。

　　最高人民检察院党组书记、检察长曹建明指出，各位代表、委员来自法律职业各个部门，都是法治工作队伍的重要成员，都是依法治国的重要力量。社会发展形势和执法司法环境的深刻变化，给我们工作带来了新情况新问题，也提出了新要求新希望。形势任务的变化，迫切要求法律职业工作者构建良性互动关系，共同用法治思维和法治方式处理问题、推动发展、化解矛盾、维护稳定、促进和谐。检察机关愿与其他法律界人士一起，坚守共同的法治理想和法治目标，尊重各方的诉讼权利，尊重各自的诉讼行为，共同维护执法司法公正和法治权威，共同维护人民权益，共同弘扬社会主义法治精神，共同在全面依法治国中发挥积极作用。

足迹 2016

一 路 上 有 你

检察机关的权力是人民赋予的
必须用来为人民服务

时间：2016年2月23日
地点：甘肃省兰州市

2月23日上午，最高人民检察院检察长曹建明在甘肃兰州主持召开座谈会，征求15位在甘肃的全国人大代表对最高人民检察院工作报告和检察工作的意见和建议。

2 月 23 日，最高人民检察院党组书记、检察长曹建明在甘肃兰州主持召开座谈会，征求 15 位在甘肃的全国人大代表对最高人民检察院工作报告和检察工作的意见和建议。

参加座谈会的全国人大代表有：**王镇环、朱纪、吕惠嫦、常海霞、康仁、何丽霞、刘天绪、石寿芳、赵满堂、张惠萍、马建苹、马百龄、马雪花、刘连昌、白忠华。**

座谈会上，代表们开诚布公、畅所欲言。大家认为，在过去的一年，全国检察机关坚决贯彻中央决策部署，紧紧围绕党和国家工作大局，强化法律监督，狠抓规范司法，稳步推进改革，大力加强自身建设，各项检察工作取得新发展。春节刚过，曹建明检察长亲自带队深入陇原大地，征求代表们对工作报告的意见，体现了谦虚务实的工作作风，体现了对人大监督的高度重视。

曹建明指出，党的十八大以来，习近平总书记在对政法工作、检察工作的一系列重要指示中，反复强调要以最广大人民利益为念，坚持司法为民。检察机关的权力是人民赋予的，必须用来为人民服务。这些年来，各级检察机关充分发挥职能为人民谋福祉，在维护群众合法权益、保障和改善民生等方面想了很多办法，做了大量工作。但与人民群众对检察工作的要求期待相比，还有大量需要加强和改进的地方。检察机关只有随时随地倾听人民群众呼声，才能从人民群众反映强烈的突出问题中，找准加强和改进检察工作的着力点。检察机关要牢固树立以人民为中心的发展思想，更加自觉倾听人民群众呼声，准确把握人民群众的司法需求，找准为民服务方面存在的"短板"，从人民群众最关心最直接最现实的利益问题入手，依法服务和保障民生，增进人民福祉，努力让人民群众从检察工作中得到更多获得感。

曹建明表示，人民是无所不在的监督力量。人大代表和人民群众的意见批评建议，是我们做好检察工作的有力保障和强大动力。各级检察机关要进一步增强主动公开、主动接受监督的意识，不断完善机制、创新方式、畅通渠道，进一步深化检务公开，探索运用"两微一端"等现代科技手段，积极拓宽联系群众的新渠道，更好地接受外部监督特别是人大监督，真正让人民监督权力，让权力在阳光下运行。

人大代表的意见建议
就是人民的所想所盼所求

时间: 2016年3月31日
地点: 内蒙古自治区呼和浩特市

最高人民检察院检察长曹建明与人大代表亲切交流。

3月31日,最高人民检察院党组书记、检察长曹建明在呼和浩特主持召开部分在内蒙古的全国人大代表座谈会,征求他们对检察机关贯彻落实全国两会精神、进一步加强和改进检察工作的意见建议。

参加座谈会的全国人大代表有:**马瑞强**、**石磊**、**冬云**、**汪耳琪**、**罗海棠**、**胡达古拉**、**胡瑞峰**、**郭炳胜**、**傅永春**。

两个小时的座谈会始终洋溢着热烈的气氛,代表们踊跃建言,情真意切。曹建明边听边记,不时与代表交流。

在听完大家的发言后,曹建明指出:"人大代表的意见建议就是人民的所想所盼所求,我们一定更加诚恳地听取和落实,让人民对检察工作更加满意。接受人大代表监督就是接受人民监督,我们一定更加自觉主动地创造条件,让人民更好地监督检察工作。"

首席大检察官的草原行

更好地履行查办和预防职务犯罪职责

时间: 2016年4月14日
地点: 北京市

4月14日至15日，全国检察机关职务犯罪侦查预防工作会议在北京召开。

8位全国人大代表应邀参加会议，他们是：神华乌海能源有限责任公司平沟煤矿动力科业务主管**伊永春**，内蒙古自治区鄂尔多斯市蒙古族中学政教处主任**查嘎岱**，江苏盱眙石马山生态农业开发有限公司经理**李叶红**，民盟江苏省委副主委、南京水利科学研究院总工程师、教授级高级工程师**窦希萍**，江苏省泰兴市邮政局江平路支局局长**何健忠**，河南省驻马店市农业科学院粮食作物研究所主任**任秀荣**，河南省临颖县杜曲镇北徐庄村党委书记**徐德全**，民盟青海省委副主委、省政协常委、省政府参事**程苏**等。

最高人民检察院党组书记、检察长曹建明指出，近年来，全国检察机关认真贯彻党中央决策部署和习近平总书记系列重要讲话精神，不断加大查办和预防职务犯罪力度，在党风廉政建设和反腐败斗争中发挥了重要作用。召开全国检察机关职务犯罪侦查预防工作会议，对于进一步提高职务犯罪侦查预防工作科学化、法治化、专业化水平具有重要意义。

曹建明要求，各级检察机关要毫不动摇坚持党的领导，坚持反腐败领导体制和工作机制，确保正确政治方向；要进一步加大办案力度，坚持"老虎""苍蝇"一起打，保持惩治腐败犯罪高压态势；要落实好服务经济发展新常态28条意见、服务非公有制经济18条意见，准确把握法律政策界线，改进办案方式方法，依法保障经济平稳健康发展；要更加重视能力建设，进一步更新侦查理念、转变侦查方式，确保办案数量、质量、效率、效果、安全有机统一；要更加扎实深入推进司法规范化建设，深化和巩固规范司法行为专项整治成果，严格执行职务犯罪侦查工作八项禁令等制度规定，真正形成公正司法、严格执纪、规范办案的思想自觉和行为习惯；要坚决落实把纪律挺在前面的要求，积极推进纪法衔接，促进健全对国家工作人员的监督体系；要健全预防职务犯罪工作机制，深入剖析典型案例，深入开展警示教育和预防调查，加强前瞻性研究，发挥预防的治本作用，推动把权力关进制度的笼子；要从严从实加强教育监督管理，建设一支过硬的侦查预防队伍。

回应社会关切　赢得社会公信力

时间：2016年4月27日

地点：广东省深圳市

最高人民检察院检察长曹建明（左五）在深圳前海蛇口自贸区与人大代表合影。

4月27日，最高人民检察院党组书记、检察长曹建明就如何全面加强和改进侦查监督工作、更好维护司法公正在广东省检察机关调研。

4月27日下午，在深圳市举行的专题座谈会上，曹建明强调，要认真贯彻落实习近平总书记对政法队伍建设重要指示精神和全国政法队伍建设工作会议部署，加强侦查监督队伍建设。要坚持把思想政治建设摆在第一位，扎实开展"两学一做"学习教育，切实增强"四个意识"。要把能力建设作为一项重要任务，加强对互联网、金融、知识产权、环境保护等领域知识和现代科技手段应用能力的培训，深入推进侦查监督队伍的正规化专业化职业化建设。要建立健全办案质量分析通报制度，深化和巩固规范司法行为专项整治成果，进一步完善侦查监督权行使的规范体系，促进侦查监督工作"规范、精细"发展。要坚持从严治检不动摇，坚决整治利用批准决定逮捕和立案监督、侦查活动监督等检察权以权谋私、以权压法、徇私枉法，维护检察机关司法公信力。要积极推进侦查监督环节的检务公开，积极推进程序性工作信息和终局性法律文书公开，探索逮捕案件公开审查，加大宣传力度，构建检媒互动的长效机制，回应社会关切，赢得社会公信力。

在广东调研期间，曹建明与在粤全国人大代表**王学东**、**麦庆泉**、**张育彪**、**张泉**、**易凤娇**座谈，面对面听取他们对检察工作的意见和建议，并邀请诸位代表见证了深圳前海蛇口自贸区人民检察院揭牌仪式。

首席大检察官
希望听代表心里话

携手共建"亲""清"政商检商关系

时间: 2016年5月4日
地点: 浙江省杭州市

5月4日,最高人民检察院检察长曹建明在浙江杭州主持召开在浙部分全国人大代表、全国政协委员座谈会。

5月4日，最高人民检察院党组书记、检察长曹建明邀请在浙全国人大代表**王挺革**、邱光和、**沈仁康**、陈利众、宗庆后、**胡季强**，全国政协委员**李书福**、**南存辉**、**黄廉熙**座谈，就检察机关如何进一步发挥职能作用，营造法治化营商环境与代表委员进行面对面交流。

经济发展新常态对司法机关提出了许多新课题，如何积极应对，有效破解，为经济持续健康发展提供有力保障？代表委员有话要说。"依法平等保障和促进非公经济健康发展。"代表委员高度关注，强烈呼吁。2016年1月初，围绕这一主题，最高检、全国工商联共同召开座谈会。2016年2月，最高检出台发挥检察职能保障和促进非公有制经济健康发展的"18条意见"。在最高检的引领示范下，浙江省检察院随即出台"21条意见"，并在全省启动"诚信发展·检察伴你行"活动，帮助民营企业防控经济和法律风险，促进"亲""清"政商、检商关系的构建与发展。

座谈会上，曹建明始终边听边记边回应，始终没有起身离开座位。他表示，检察工作的健康发展离不开代表委员的监督支持，检察机关将认真听取代表委员的意见建议，在司法办案中密切关注经济领域新情况新问题，运用法治思维和法治方式为企业排忧解难，依法平等维护各类市场主体合法权益，积极营造法治化营商环境，携手共建"亲""清"政商、检商关系。

首席大检察官
与浙商领袖有话聊

让人民群众和广大检察人员都有实实在在的获得感

时间：2016年6月1日
地点：上海市

6月1日，最高人民检察院检察长曹建明与在沪全国人大代表马须伦、王战、朱雪芹、花蓓、严诚忠、邵志清、奚美娟、黄迪南，全国政协委员胡卫、屠杰座谈，听取对进一步加强和改进检察工作、深入推进司法改革和检察改革的意见建议。

曹建明指出，2016年是司法体制改革的攻坚之年。随着改革试点不断深入，一些深层次的问题和矛盾逐渐显现，对我们提出了许多新的课题。"改革关头勇者胜"，改革越是处于攻坚阶段，各级检察机关越要强化和落实改革的主体责任，把抓改革作为一项重大政治责任，坚定改革的信心和决心，以钉钉子的精神抓好改革任务的落实。

曹建明强调，推进司法体制改革，制度创新是核心，公平正义是目标。制度创新不仅仅是出台几个改革文件，关键是要真正落地、落实、开花、结果，关键是要在维护社会公平正义和提高司法办案质量效率上见成效，关键是要让人民群众和广大检察人员都有实实在在的获得感。要认真总结前一阶段深化改革的成绩、经验和特色，及时跟踪和客观评价已经出台的改革举措的实施效果，认真梳理总结改革面临的困难和问题，提出下一步深化改革的思路、举措和要求，打通改革落地的"最后一公里"。

首席大检察官沪上行
收集代表委员"金点子"

司法体制改革
首先从人民群众最期盼的领域改起

时间：2016年6月7日
地点：江苏省南通市

  6月7日，最高人民检察院检察长曹建明在江苏南通与部分在江苏的全国人大代表、政协委员座谈，征求对检察工作的意见建议。代表委员们在充分肯定近年来检察工作取得的新进步新成效的同时，就检察机关服务经济发展、加大诉讼监督力度、建设过硬队伍等提出意见建议。

  参加座谈的有：全国人大代表**蒋婉求**、**秦光蔚**、**孙秀芳**、**陆亚萍**、**陈锦石**、**徐长江**、**曹勇**、**朱虹**，全国政协委员**李玉峰**、**沈斌**等。

  针对司法体制改革，曹建明指出，司法体制改革是一项复杂的系统工程，一些重大改革举措之间的系统性、关联性很强。各级检察机关要树立系统思维，注重统筹推进，抓好改革的政策配套。制定改革方案、开展改革试点时，要更加重视与有关部门的沟通协调，更加重视各项改革措施的前后呼应、相互配合、整体推进。要按照先易后难、统筹兼顾、依法有序的原则，分清轻重缓急，特别是要首先从人民群众最期盼的领域改起，从影响司法公正、制约司法能力最突出的问题改起，从各方面已经形成共识的环节改起。对看得准、有共识、条件具备的改革事项，可以先做起来，早见成效；对看得准、有共识但还不具备全面推开条件的改革事项，可以通过先行试点，找出规律、积累经验，为全面推开创造条件；对涉及面广、情况复杂的改革事项，要进一步加强与有关部门的沟通协调，深入调研论证，积极推动形成共识。

加强非公企业平等保护
代表委员齐支招

中国特色社会主义检察事业
是人民的事业

时间：2016年7月20日
地点：吉林省长春市

7月20日，最高人民检察院检察长曹建明在长春主持召开座谈会，听取部分全国人大代表、全国政协委员对"十三五"时期检察工作的意见建议。

完善检察监督体系
代表委员与首席大检察官有话说

　　7月20日，在第十四次全国检察工作会议期间，最高人民检察院检察长曹建明在长春主持召开座谈会，听取部分全国人大代表、全国政协委员对"十三五"时期检察工作的意见建议。

　　参加座谈会的有：全国人大代表刘正军、韦飞燕、包景岭、程丼强、马振川、阎建国、张红健、周光权、张泽群、杜国玲、黄汉标，全国政协委员蔡玲、王修林等。

　　座谈会上，代表委员们畅所欲言。大家认为，过去五年，在党中央正确领导下，全国检察机关紧紧围绕党和国家工作大局，强化法律监督，强化自身监督，强化队伍建设，各项检察工作取得了新成绩。同时，各位代表委员围绕完善检察监督体系、提升法律监督能力，从不同角度提出了许多真知灼见。

　　"大家都很辛苦，而我们是受益者。"在认真听取了大家的发言后，曹建明说，各位代表委员的意见建议情真意切，充分体现了对检察工作的关心和支持，也充分反映了人民群众对检察工作的殷切期望和要求，我们将认真梳理研究、充分吸收，努力把"十三五"时期的检察工作做好。

　　曹建明最后表示，中国特色社会主义检察事业是人民的事业，必须坚持一切依靠人民，一切为了人民。检察机关要自觉接受人民监督，经常性征求和落实代表委员的意见建议，不断完善检察监督体系，着力提高法律监督能力，更好地维护社会公平正义和司法公正。

加强军地协作 维护军人军属权益

时间：2016年7月29日
地点：最高检机关

在中国人民解放军建军89周年暨红军长征胜利80周年即将到来之际，7月29日，最高人民检察院举行以"加强军地协作，维护军人权益"为主题的检察开放日活动，邀请解放军团的14位全国人大代表到最高检参观、座谈。

座谈会上，来自解放军团的全国人大代表**马秋星**、**王方**、**王兆宇**、**王军**、**王振国**、**王辉**、**刘云海**、**李爱平**、**张金成**、**费玲**、**徐朝光**、**崔玉玲**、**蔡红霞**、**戴绍安**分别发言。大家在充分肯定近年来检察工作取得的成绩的同时，从立足检察职能进一步加强军地协作，服务保障深化国防和军队改革；依法打击犯罪，维护国防利益和军人军属合法权益；深入基层部队开展法治宣传、提供法律服务等方面提出许多中肯、富有建设性的意见建议。

在认真听取大家发言后，最高人民检察院党组书记、检察长曹建明表示，党的十八大以来，党中央和中央军委对深化国防和军队改革高度重视，围绕实现中国梦强军梦，作出一系列重大决策部署，形成了深化国防和军队改革总体方案及相关实施方案。

曹建明表示，加强与解放军代表联络工作是检察机关接受人民监督、加强和改进检察工作的重要途径。检察机关将在创新联络方式、完善联络机制上下功夫，注重从军队代表的需求出发，加强互动和交流，尽最大努力为各位代表了解、监督检察工作提供服务，尽最大努力把各位代表的希望、要求贯彻落实到检察工作中去，推动人民检察事业不断进步，推动国防和军队改革深入发展。

加强军地协作 维护军人权益
14位军队全国人大代表有话说

用文化的力量
推动全社会尊法学法守法用法

时间：2016年8月18日
地点：最高检机关

8月18日，最高人民检察院举行《人民检察官》首播发布会，最高人民检察院检察长曹建明出席发布会并讲话。

8月18日，最高人民检察院举行《人民检察官》首播发布会。

全国政协委员，中国文联党组成员、副主席、书记处书记**夏潮**；全国人大代表，民盟中央委员、民盟中央艺术团常务团长，北京京剧院一团团长**王蓉蓉**；全国人大代表、中国三峡画院院长**周森**；全国政协委员、八一电影制片厂一级编剧**刘星**应邀参加发布会。

最高人民检察院党组书记、检察长曹建明指出，《人民检察官》的创作，是检察文化建设蓬勃发展的一个缩影。近年来，检察文化建设发展迅速，不仅在检察机关内部起到了凝聚人心、鼓舞士气等重要作用，而且对于提升检察工作社会知晓度和群众满意度、增强全社会法治观念也发挥了重要作用。各级检察机关要坚决贯彻党中央关于文艺工作的重要部署，深入学习习近平总书记系列重要讲话特别是在文艺工作座谈会上的重要讲话精神，切实加强和改进检察文化建设，依靠检察文化的引领熏陶，举精神之旗、筑检察之魂，讲好检察故事，奏响法治强音，构建检察人员的精神家园，用文化的力量推动全社会尊法学法守法用法。

积极回应各族人民关切
深入扎实做好对口援疆工作

时间：2016年9月5日
地点：新疆维吾尔自治区乌鲁木齐市

最高人民检察院检察长曹建明与人大代表亲切交流。

在传统的古尔邦节和中秋佳节即将来临之际，9月5日至7日，最高人民检察院党组书记、检察长曹建明就如何深入贯彻中央决策部署，进一步发挥检察职能，服务保障新疆社会稳定和长治久安，在新疆维吾尔自治区检察机关和新疆生产建设兵团检察机关深入调研，看望慰问各族检察人员和援疆检察干部。

"大力开展'去极端化'工作""加强'双语'人才的引进、培养工作，为新疆顺利开展'双语'诉讼提供保障""检察机关应当会同有关部门建立普法志愿者制度""最高检要把业务援疆作为重中之重，加大检察业务专家和骨干人才援疆力度"……9月5日上午，曹建明与部分在疆全国人大代表、政协委员座谈。全国人大代表**刘新胜**、**席文海**、**迪丽娜尔·阿布都拉**、**阿迪力·吾休尔**、**穆合塔拜·沙迪克**、**丽娜**，全国政协委员**帕尔哈提·阿布都热依木**、**法蒂玛·马合木提**在会上争相发言。这是党的十八大以来曹建明第三次与在疆代表委员面对面座谈交流。在一次又一次的坦诚交流中，曹建明与在疆代表委员结下了深厚友谊。座谈会召开前，曹建明亲切地与大家一一握手攀谈，并向他们赠送了一份特殊的礼物——央视一套正在热播的电视剧《人民检察官》光盘，这令代表委员们十分欣喜、感动。曹建明仔细倾听、认真记录各位代表委员的意见建议。他表示，维护新疆社会稳定和长治久安，是检察机关义不容辞的政治责任。做好对口援疆工作，是检察机关必须长期履行的政治任务，检察机关将坚决贯彻中央决策部署，积极回应各族人民关切，充分发挥检察职能，深入扎实做好对口援疆工作，推动新疆检察工作实现新的跨越发展。

把检察队伍素质能力建设作为重要任务

时间：2016年9月9日
地点：最高检机关

在第 32 个教师节来临之际，9 月 9 日，最高人民检察院举行中国检察教育培训网络学院正式开通仪式暨教师节座谈会。

全国人大代表**王铮**、**阎保平**，全国政协委员**汤维建**、**祝连庆**应邀参加座谈会。

最高人民检察院党组书记、检察长曹建明指出，党的十八大以来，习近平总书记多次对干部学习、干部教育培训作出重要指示，特别是专门强调，各级政法机关要把能力建设作为一项重要任务，建立健全在职干警教育培训体系，提高干警本领，确保更好履行政法工作各项任务，为我们加强和改进检察教育培训工作指明了方向。各级检察机关要按照党中央要求，深刻把握检察教育培训工作面临的新形势新任务，真正把教育培训作为建设过硬检察队伍的先导性、基础性、战略性工程来抓，认真谋划"十三五"时期教育培训工作，深入研究检察教育培训工作规律，创新培训理念和方式方法，健全现代化的教育培训体系，促进检察教育培训工作科学化、实战化。

曹建明表示，老师被誉为人类灵魂的工程师，作为教检察官的老师，必须坚持更高标准、更严要求。他勉励检察机关专兼职教师和教育工作者，要做坚定信仰的表率、以德修身的表率、钻研业务的表率、奉献检察事业的表率，在全面推进检察事业发展的历史进程中作出更大贡献。

检察文艺创作必须扎根人民

时间：2016年9月10日
地点：北京市

9月10日，中国检察官文联、中国电视艺术家协会在京共同举办电视剧《人民检察官》座谈会，邀请文艺界全国人大代表、政协委员、专家学者和主创人员，共同总结该剧的创作经验和艺术特色，探讨法治题材影视作品创作规律，共商社会主义法治文艺繁荣发展。

全国人大代表、山东省电影家协会副主席、山东电影电视剧制作中心艺术总监、著名剧作家**赵冬苓**，全国

9月10日，中国检察官文联和中国电视艺术家协会在京共同举办电视剧《人民检察官》座谈会。

人大代表、广西民族大学文学影视创作中心副主任、作家**樊一平**，全国政协委员、中国电影家协会副主席、中国电影文学学会会长、著名剧作家**王兴东**，中国电视艺术家协会副主席、国家新闻出版广电总局电视剧管理司原司长**李京盛**等在座谈会上发言。

最高人民检察院党组书记、检察长曹建明强调，繁荣发展检察文艺，要坚持以人民为中心的创作导向。检察文艺创作必须扎根人民，把满足人民精神文化需求作为出发点和落脚点，把人民作为检察文艺表现的主体，把人民作为检察文艺审美的鉴赏家和评判者。

曹建明指出，繁荣发展检察文艺，要坚守法治，坚持把中国精神和法治精神作为检察文艺的灵魂。检察文艺创作要以宣传中国特色社会主义法治道路、弘扬社会主义法治精神为己任，引导人民群众尊法学法守法用法。要从履行社会责任出发，更加注重文艺创造的社会效果与法律效果、政治效果的统一。

让人民检察官走进人民心中

时间：2016年9月23日
地点：最高检机关

9月23日，最高人民检察院机关举行第十七次检察开放日活动，邀请河南团部分在京全国人大代表到最高检机关参观座谈。

严惩电信诈骗 保障科技创新
代表们在检察开放日说了啥

　　9月23日，最高人民检察院机关举行检察开放日活动，邀请河南团部分在京全国人大代表参观座谈。最高人民检察院党组书记、检察长曹建明与代表们亲切座谈。

　　受邀参加开放日活动的全国人大代表有**羊毅**、**周森**、**李光宇**、**高西庆**、**张泽群**、**孟伟**、**谢旭人**、**姜明**、**曹卫洲**、**周国允**等。

　　在座谈环节，代表们在充分肯定近年来检察工作取得新进步新成绩的同时，也坦诚相见，提出了许多富有建设性的意见建议。

　　曹建明认真倾听、仔细记录，对代表们的关切一一作出回应。曹建明感谢各位代表对检察工作提出的真诚意见和诚恳批评。他说，人民立场既是我们党的根本立场，也是检察工作的根本立场。检察机关要坚持一切为了人民，积极顺应人民群众对平安稳定、加快发展和幸福生活的期盼，努力解决人民群众关心关注的问题，实现好、维护好、发展好最广大人民群众的根本利益。要坚持一切依靠人民，尊重人民主体地位，拓宽人民群众有序参与检察工作的渠道，从人民群众意见建议中汲取推动检察工作创新发展的智慧和力量，按照人民群众期待和要求加强和改进检察工作。要坚持一切权力属于人民，完善代表联络机制，拓宽联络渠道，创新联络方式，更好倾听人民群众声音，接受人民群众监督，赢得人民群众对检察工作更多的支持。

保障人民健康是检察机关的重要使命

时间：2016年9月27日
地点：最高检机关

　　最高人民检察院9月27日举行以"维护医务人员权益，服务健康中国建设"为主题的检察开放日活动，邀请医药卫生界部分全国人大代表、全国政协委员到最高检机关参观座谈。最高人民检察院党组书记、检察长曹建明在座谈时强调，医药卫生事业是健康中国建设的重要组成部分，服务保障医药卫生事业健康发展是检察机关义不容辞的责任。各级检察机关要深入贯彻落实习近平总书记在全国卫生与健康大会上的重要讲话精神，充分认识健康中国建设在全面建成小康社会进程中的重要地位和作用，善于运用法治思维，综合运用法治方式，加大惩治涉医违法犯罪力度，强化对食品药品领域法律监督，更好维护正常医疗秩序和医务人员合法权益，保障和促进医药卫生体制改革，努力推进健康中国建设。

　　应邀参加检察开放日活动的有：全国人大代表**郭淑芹**、**司艳华**、**顾晋**、**王静成**、**瞿佳**、**沈志强**、**毕宏生**、**李琦**、**王国斌**、**何彬生**、**庄建**、**周海波**，全国政协委员**王阶**、**侯艳宁**等。

　　在参观环节结束后，曹建明主持召开座谈会，听取代表委员对如何进一步加强和改进检察工作，如何全面履行检察职能为推进健康中国建设提供有力司法保障的意见建议。

　　曹建明首先代表最高检，对代表委员在百忙中来最高检参加开放日活动表示欢迎，对大家长期以来对检察工作的关心与支持表示感谢。曹建明说，健康是人民幸福之本，是社会发展之基。党的十八大以来，以习近平同志为总书记的党中央把健康中

国提升为国家战略。2016 年 8 月，在全国卫生与健康大会上，总书记又突出强调要把人民健康放在优先发展的战略地位，加快推进健康中国建设。检察机关是推进健康中国建设的一支重要力量，要从全局和战略的高度，坚持把服务、保障卫生与健康事业改革发展摆在更加突出的位置来抓，坚持以人民为中心的发展思想，树立"大卫生""大健康"理念，综合运用打击、预防、监督、教育、保护等法治方式和手段，坚决把党中央关于卫生与健康事业的各项部署要求落实到检察工作中，努力为健康中国建设提供有力司法保障。

曹建明强调，保障人民健康是检察机关的重要使命。各级检察机关要坚持以人民为中心，紧紧围绕发展基本医疗卫生事业、加强非基本医疗卫生服务管理、重大疾病防控等重点领域，有针对性地加强检察监督。要与有关部门加强配合，加大对非法行医、医托诈骗、医保诈骗、黑诊所、黑救护车等的惩治力度。要重点打击、从严惩处制售以孕产妇、婴幼儿、儿童或者危重病人为主要使用对象的假药劣药犯罪，加大对毒品犯罪的打击力度，保障人民群众生命健康权益。要聚焦食品、药品领域，健全行政执法与刑事司法衔接长效机制，明确监督移送、监督立案的程序与标准，实现无缝对接。

坚持人民检察为人民
不断增强人民群众安全感和获得感

时间：2016年10月12日
地点：江西省

10月12日，最高人民检察院检察长曹建明在江西调研期间，与10位在赣全国人大代表、全国政协委员座谈。

今天，我们来谈谈安全感

在中国共产党成立95周年、中国工农红军长征胜利80周年、人民检察制度创立85周年之际，10月9日、12日、13日，最高人民检察院党组书记、检察长曹建明来到中国革命的"圣地"、人民司法和人民检察的摇篮——江西，就检察机关如何不忘初心，坚持人民检察为人民，走好新的长征路，深入江西检察机关调研。

调研期间，曹建明主持召开在赣部分全国人大代表、全国政协委员座谈会，听取意见建议，并就打击电信网络诈骗、保障经济发展、深化司法改革等问题作了积极回应。

应邀参加座谈会的有：全国人大代表**龙国英**、**肖利平**、**邱新海**、**黄长林**、**林印孙**、**周俊军**、**胡梅英**、**余梅**、**黄代放**，全国政协委员**王东林**等。

座谈会上，曹建明强调，坚持人民检察为人民，就是要认真学习贯彻习近平总书记重要指示和全国社会治安综合治理创新工作会议精神，深入推进社会治理创新，进一步增强人民群众安全感。各级检察机关要牢牢把握推进国家治理体系和治理能力现代化的总要求，主动适应新形势，坚持立足当前与着眼长远相结合，在深入推进平安中国建设中，更加注重联动融合，更加注重开放共治，更加注重人民民主，更加注重运用法治方式，更加注重运用大数据，更加注重基础性制度建设，主动回应人民群众平安需求，严厉打击电信网络诈骗、暴力伤医等各类严重影响人民群众安全感的犯罪，促进人民群众安全感持续提升。

强化法律监督职能　服务保障科技创新

时间：2016年10月20日

地点：最高检机关

10月20日，最高人民检察院举行以"强化法律监督职能，服务保障科技创新"为主题的检察开放日活动，邀请科技界部分全国人大代表、全国政协委员到最高检机关参观座谈。

10月20日，最高人民检察院举行以"强化法律监督职能，服务保障科技创新"为主题的检察开放日活动，邀请科技界部分全国人大代表、全国政协委员到最高检机关参观座谈。

参加开放日活动的有：全国人大代表**许希**、**吕彩霞**、**景新海**、**张永明**、**胡胜云**、**马玉璞**、**向晓梅**、**龙丽萍**、**李家明**、**余梅**，全国政协委员**王琛**、**周玉梅**等。

座谈会上，最高人民检察院党组书记、检察长曹建明认真听取代表委员对如何进一步加强和改进检察工作，充分发挥检察职能，依法保障和促进科技创新的意见建议。与会的12位代表委员紧紧围绕人民群众关心关注的重点热点领域，畅所欲言，直抒己见，在充分肯定近年来检察工作取得成绩的同时，围绕检察机关立足检察职能依法打击知识产权领域犯罪、健全完善科研相关法律制度、服务和保障科技创新等方面提出许多宝贵意见。

科技界大伽走进最高检保障科技创新献"锦囊"

构建新型检警检法检律关系
共同维护司法公正

时间：2016 年 11 月 18 日
地点：最高检机关

11 月 18 日，最高人民检察院举行以"推进以审判为中心的刑事诉讼制度改革"为主题的第二十次检察开放日活动，邀请法律界部分全国人大代表、全国政协委员到最高检机关参观座谈。

法眼看高检! 法律界代表委员一下子来了 11 位

最高人民检察院 11 月 18 日举行以"推进以审判为中心的刑事诉讼制度改革"为主题的检察开放日活动，邀请法律界部分全国人大代表、全国政协委员到最高检机关参观座谈。最高人民检察院党组书记、检察长曹建明在座谈时强调，推进以审判为中心的刑事诉讼制度改革，是我们党从全面推进依法治国、加快建设社会主义法治国家出发，完善中国特色社会主义司法制度和刑事诉讼制度的重大改革部署。各级检察机关要深入学习贯彻习近平总书记重要指示精神，严格贯彻证据裁判要求，着力构建新型检警、检法、检律关系，与法律界同行一起，推动改革任务落到实处，共同维护司法公正和法治权威。

应邀参加这次检察开放日活动的全国人大代表有**马振川、李大进、李亚兰、刘玲、齐奇、高明芹、蔡学恩、郑鄂、周光权**，全国政协委员**王俊峰、施杰**等。

参观结束后，曹建明主持召开座谈会，听取各位代表委员对检察机关如何贯彻落实以审判为中心的刑事诉讼制度改革要求，以及如何做好检察工作的意见建议。在发言中，各位代表委员坦诚相见、畅所欲言，在充分肯定近年来检察工作取得新成绩、检察改革迈出新步伐的同时，对检察机关如何适应以审判为中心的刑事诉讼制度改革，进一步加强诉讼监督、贯彻证据裁判要求、维护司法公正，建立良性互动的检警、检法、检律关系，统筹推进司法责任制改革、员额制改革等提出了很多中肯、富有建设性的意见建议。

曹建明强调，推进以审判为中心的刑事诉讼制度改革，关键要构建新型检警、检法、检律关系，进一步优化诉讼结构和诉讼程序，共同维护司法公正和权威。一是加强监督引导，构建新型检警关系。检察机关要进一步发挥好诉前主导和审前过滤功能，全面履行侦查监督职能，完善侦查监督体制机制，完善不起诉制度，加强与侦查机关网上信息系统衔接，实现执法、司法信息互联互通和深度应用。二是加强监督配合，构建新型检法关系。检察机关既要尊重和支持法官在审判活动中的主导地位和权威，又要完善对刑事审判活动的监督机制，提高监督质量，依法全面履行法律监督职能，还要狠抓公诉队伍能力建设，构建与法院更加紧密的沟通协调机制，推动公诉工作和刑事审判工作既相互配合又相互制约，推动严格、公正司法。三是加强律师权益保障，构建新型检律关系。检察机关要更加尊重律师的执业权利，完善保障律师执业权利的措施，健全完善律师执业权利救济机制；加强检察服务大厅和司法公开平台建设，便捷律师执业；邀请律师参与信访接待和处理，建立健全与司法行政机关、律师协会的沟通协调机制，打造更加紧密的法律职业共同体。

全面贯彻落实党中央各项决策部署

时间：2016年12月22日
地点：重庆市

最高人民检察院检察长曹建明与全国人大代表亲切交流。

12月21日至22日，最高人民检察院党组书记、检察长曹建明就检察机关深入学习贯彻党的十八届六中全会、中央经济工作会议精神，全面贯彻落实党中央决策部署，深入推进司法体制改革，在重庆市检察机关调研。调研期间，曹建明与在渝全国人大代表**王元楷**、**冉冉**、**郑尚伦**、**胡际权**、**韩建敏**、**韩德云**、**程德宏**，全国政协委员**王济光**、**邹先荣**、**李钺锋**座谈，面对面征求对检察工作和司法改革工作的意见建议。

　　曹建明强调，各级检察机关要认真学习领会习近平总书记系列重要讲话精神，全面贯彻落实党的十八届六中全会、中央经济工作会议精神，把思想和行动统一到中央重大决策部署上来，在破解改革难题中推进司法改革纵深发展、落实落地，在深化司法改革中提升法律监督整体效能，努力为经济平稳健康发展和社会和谐稳定提供有力司法保障，以优异成绩迎接党的十九大胜利召开。

　　曹建明指出，党的十八届六中全会，明确习近平总书记的核心地位，开启了我们党治国理政、管党治党的新时代。刚刚结束的中央经济工作会议，对明年经济工作作出了全面部署。各级检察机关要认真学习领会，切实抓好这两次会议精神的贯彻落实，进一步增强"四个意识"特别是核心意识、看齐意识，坚持新发展理念，坚持稳中求进工作总基调，不断加强和改进各项检察工作，促进经济平稳健康发展和社会和谐稳定。

图书在版编目（CIP）数据

足迹 2016：一路上有你 /《人民监督》编辑部编 . -- 北京：

中国检察出版社 , 2017.1

ISBN 978-7-5102-1838-5

Ⅰ . ①足… Ⅱ . ①人… Ⅲ . ①检察机关－工作－中国－文集 Ⅳ .
① D926.3–53

中国版本图书馆 CIP 数据核字 (2017) 第 018740 号

足迹2016

一路上有你

出版发行：中国检察出版社

社　　址：北京市石景山区香山南路 111 号 （100144）

网　　址：中国检察出版社（www.zgjccbs.com）

编辑电话：(010) 88960622

发行电话：(010) 68650015　68650016　68650029

经　　销：新华书店

印　　刷：中煤（北京）印务有限公司

开　　本：710mm×1000mm　16 开

印　　张：15.25　插页 2

字　　数：319 千字

版　　次：2017 年 1 月第一版　2017 年 1 月第一次印刷

书　　号：ISBN 978-7-5102-1838-5

定　　价：76.00 元

版权所有　侵权必究　如遇图书印装质量问题本社负责调换